Astrid Geisler | Christoph Schultheis

HEILE WELTEN

Rechter Alltag in Deutschland

W0051823

Carl Hanser Verlag

1 2 3 4 5   15 14 13 12 11

ISBN 978-3-446-23578-6
Alle Rechte vorbehalten
© Carl Hanser Verlag München 2011
Satz: Satz für Satz. Barbara Reischmann, Leutkirch
Druck und Bindung: GGP Media GmbH, Pößneck
Printed in Germany

INHALT

VORWORT

»Guten Abend – hier ist noch genug Platz für Sie!« Mit dieser freundlichen Willkommensgeste hatten wir nicht gerechnet, als wir an einem Freitagabend unangekündigt bei einem Stammtisch rechtsextremer Ufologen in einem gutbürgerlichen Gasthaus im Berliner Süden vorbeischauten. Sah man uns denn nicht sofort an, dass wir hier nicht dazugehörten?

Dasselbe Erlebnis bei einem Treffen islamfeindlicher Aktivisten in Köln: Erst als die Teilnehmer ausdrücklich darauf hingewiesen wurden, dass der vermeintlich neue Mitstreiter ein Reporter sei, war es vorbei mit der kumpelhaft zutraulichen Stimmung.

So ist das nämlich. Wer bei extrem rechten Gesinnungen nur an NPD, Springerstiefel, Reichskriegsflaggen und Hakenkreuzschmierereien, an brutale Skinheadattacken auf Ausländer und schauerliche Neonaziaufmärsche denkt, der übersieht das Eigentliche. Der Begriff »Rechtsextremismus« suggeriert politische Subkultur und Außenseitertum. Was am (rechten) Rand der Gesellschaft passiert, erscheint extrem weit weg vom eigenen Leben.

Doch wer sich mit Rechtsextremismus in diesem Land befasst, findet sich häufig schneller als vermutet auch in der bürgerlichen Mitte wieder: bei Menschen, die sich vehement von Neonazis und deren Hitlerkult distanzieren, aber zum Teil doch ähnlich radikale Ansichten vertreten. Bei Leuten, in deren Brieftasche man einen SPD-Mitgliedsausweis erwarten würde, aber keinen »Reichsbürger-Pass«. Was rechtsextrem genannt wird, entsteht ganz offensichtlich auch mitten unter uns – und dringt nicht bloß von irgendwoher in den heilen Mainstream ein. Es gibt längst Orte, in denen Neonazis als anständig gelten, ganze Landstriche, in denen sie für die Mehrheit zum Straßenbild gehören. Keine kahlrasierten Taugenichtse in Bomberjacken, sondern Leute, die Arbeit haben und sich für die Gemeinschaft engagieren. Alltag in Deutschland.

Was ist schon rechtsextrem und was noch ganz normal? Was ist noch rechtsextrem und was schon ganz normal? Im hektischen Medien- und Politikgeschäft bleibt für solche Fragen häufig keine Zeit. Hier die NPD und die Neonazis, da die rechtschaffenen Bürger. Das war's.

Schwierig wird die Grenzziehung, wenn man genauer hinschaut: Keiner würde sich selbst ausländerfeindlich oder rassistisch nennen, wo er doch nur »islamkritisch« ist oder findet, dass Thilo Sarrazin nicht ganz unrecht hat. Gegen Minarette sind in Deutschland nicht nur Neonazis. Und Neonazis engagieren sich längst auch für Umweltschutz. Nicht nur NPD-Kandidaten schimpfen auf die korrupten Versager in den Parlamenten. Und wer denkt bei Begriffen wie »Meinungsfreiheit« oder »Kinderschänder« schon an rechtsextreme Propaganda?

Es vergeht kaum ein Monat, in dem in Deutschland nicht irgendwo ein neues Konzept gegen Rechtsextremismus vorgestellt, diskutiert und vielleicht sogar in die Tat umgesetzt wird. Doch was ist besser geworden, seit im Oktober 2000 der damalige Bundeskanzler Gerhard Schröder mit viel Pathos den »Aufstand der Anständigen« ausrief? Nichts. Das sagen heute selbst jene, die mit großer Überzeugung und unter beträchtlichem persönlichem Risiko die Demokratie gegen rechtsextreme Agitation zu verteidigen versuchen. Die Mediendebatte über Rechtsextremismus ist klinisch tot, und niemand kann mehr die reflexhafte Betroffenheitsrhetorik der Politiker hören. Alles scheint tausendmal gesagt. Das Interesse und der Wille zur Empörung sind geschrumpft. Selbst der Grünen-Politiker Jürgen Trittin sieht Deutschland in einer »glücklichen Situation«, weil es nicht mal »organisierte rechtspopulistische Bewegungen« gebe. Heile Welt.

Die Parole vom »Aufstand der Anständigen« haben Rechtsextreme inzwischen für sich vereinnahmt. Die NPD Mecklenburg-Vorpommern wirbt im Internet mit einer gleichnamigen Ballade für ihre Ideologie. Und wenn Moscheegegner in Köln-Ehrenfeld gegen den Bau einer »Großmoschee« protestieren, ruft ihr Anführer ins Mikrofon: »Hier findet im Herzen von Ehrenfeld ein Aufstand der Anständigen statt!« Der Redner ist ein Rechtsanwalt, der erst in der CDU aktiv war, später bei den »Republikanern«. Jetzt leitet er eine Bürgervereinigung mit dem unverfänglichen Namen »Pro Köln«.

Dramatisch ist nicht nur das, was offensichtlich extrem

ist. Denn das Extreme lässt sich leicht stigmatisieren, das Alltägliche hingegen kaum bekämpfen. Und was normal geworden ist, taugt nicht mehr für Schlagzeilen. Heute ist die Schwelle sehr hoch, die Rechtsextreme überschreiten müssen, um überhaupt noch breitere Aufmerksamkeit zu erfahren oder Empörung auszulösen. Und die Aufregung um die politisch unkorrekten Thesen Thilo Sarrazins hat auch etwas Heuchlerisches: Wen hätte Sarrazin geschockt, wäre er ein Hinterbänkler und kein Bundesbank-Vorstand und prominenter SPD-Politiker gewesen?

Wer verstehen will, wie etabliert, integriert, cool, trendig, allgegenwärtig, bürgerlich und vertraut unsere extrem rechten Mitbürger und ihre Ansichten sind, muss sich mit eben jenem Alltag abseits der Schlagzeilen befassen. Wieso driftet ein Gymnasiast aus einer wohlhabenden Familie in Süddeutschland nach rechts ab? Welche Konsequenzen hat es, wenn der Sohn einer ostdeutschen Kosmetikerin von einem Rechtsextremen verprügelt wird? Warum können Neonazis in einem ostdeutschen Dorf ihre Gegner ungestört terrorisieren, obwohl der Bürgermeister ein Polizeikommissar ist? Aus welchem Grund sammelt die Ehefrau eines NPD-Lokalpolitikers in ihrer Kleinstadt zerbrochene Flaschen auf? Was bringt es einem Handwerker, wenn er sich in einer Internet-Community als Rassist bezeichnet? Was haben CDU-nahe Islamhasser mit der NPD gemein?

Wir sind für dieses Buch durch Ost- und Westdeutschland gereist: nach Ostvorpommern und nach Köln, nach Delmenhorst, Halberstadt und »Schönstadt«, einen Ort in Süddeutschland, dessen Namen wir zu anonymisieren versprachen. Aber wir hätten auch überall sonst in Deutschland hinfahren können und wären doch wieder in jener Zone der Gesellschaft angekommen, die gerne als »rechter Rand« bezeichnet wird.

Noch so ein Buch über Rechtsextreme also? Eben nicht! Wir haben uns auf den Weg dorthin gemacht, wo sich gerade keine Kamerateams drängten – nicht um Alarm zu schlagen, sondern um neue Einblicke zu bieten in das rechte Alltagsleben in Deutschland. Willkommen in der irren, kleinen Parallelwelt nebenan!

1 | STREHLA

Die Tante Ines vom Spielplatz

Sie zögert keinen Augenblick, als sie die zerbrochene Bierflasche auf dem Gehweg entdeckt. Sie bückt sich, obwohl sie ja auf der rechten Hand eine Platte frischen Mohnkuchen für die Schwiegermutter balanciert, hebt die Scherbe auf, nimmt sie mit zum nächsten Glascontainer, der gegenüber der Grundschule steht. Klack. Weg. Ines Schreiber lächelt zufrieden. »Meinem Siegfried erklär ich immer: Umweltschutz ist Heimatschutz!« Sie erzählt gerne von ihrer Liebe zur Natur: von den Unterschriften, die sie als junges Mädchen für Greenpeace gesammelt hat – damit die Wale nicht aussterben. Von den Tomaten, die sie im eigenen Garten züchtet. Und davon, dass ihre kleinen Söhne schon die Geschichte des Donnergottes Thor kennen. »Deshalb«, sagt sie, »haben die beiden keine Angst vor dem Gewitter.«

Ines Schreiber, 36 Jahre, ist auf dem Heimweg. Es ist ein kalter, aber sonniger Vormittag, an dem wir sie in Strehla besuchen. Als Hausfrau dreht sie öfters eine Runde durch die Strehlaer Altstadt, bevor ihre Kinder Siegfried, 8 Jahre, und Heinrich, 6 Jahre, aus der Schule kommen. Nicht nur wegen der frischen Luft. Alle paar hundert Meter bleibt sie stehen, winkt, grüßt, schwatzt manchmal ein paar Sätze. Die Leute, klagt sie, säßen viel zu viel alleine am Computer. »Mir fehlt das Gemeinschaftliche. Ich will rausgehen, mit den Menschen reden.« Sie deutet auf die andere Straßenseite: »Das ist Heinrichs Klassenlehrerin.« Dann ruft sie fröhlich: »Guten Tag!« Die Frau nickt und lächelt höflich.

Die Schreibers waren gerade erst aus Bayern hier ins sächsische Strehla gezogen, als der kleine Siegfried in die 1b der Grundschule eingeschult wurde. Die Mutter bewarb sich gleich für den Elternbeirat seiner Klasse und wurde prompt gewählt. Später rückte sie als stellvertretende Klassensprecherin auch in den Schulelternbeirat auf. Ines Schreiber sagt nur Gutes über die Schule: »Wir arbeiten alle super zusammen. Und mit den Lehrerinnen haben wir unwahrscheinlich viel Glück.«

Als sich die Mütter und Väter der 1b zur Elternbeiratswahl trafen, dürfte kaum jemand in Strehla gewusst haben, warum die Schreibers aus Coburg hierher nach Sachsen gezogen waren. Man sieht es der netten Hausfrau ja auch nicht an. »Viele Leute denken zuerst mal: Die ist sicher eine von den Grünen!« Sie lacht. Eine kuriose Idee!

Ines Schreiber würde bei den Grünen wirklich nicht auffallen – äußerlich. Sie trägt ein weites, langes Leinenkleid, dicke Wollstrümpfe in schwarzen Halbschuhen, eine eckige, schwarze Brille, ihr welliges, langes Haar im Nacken hochgesteckt. An ihrer Halskette baumelt ein silbriger Anhänger mit drei Blättern in einem Ring. Ein Symbol für die Verbundenheit zur Natur, sagt sie.

Man findet das Motiv auch im Internet – zum Beispiel beim Versandhaus des *Deutsche Stimme*-Verlags, jenem Verlag, in dem die NPD-Parteizeitung erscheint. Beim *Deutsche Stimme*-Versand heißt das Schmuckstück »Anhänger Baumrunen für positive Energien«. Käufer dieses Artikels, informiert der Internetshop, hätten auch die DVD »Wollte Hitler den Krieg?« bestellt oder den Kunstdruck »Deutschland ist da, wo starke Herzen sind«.

Der rechtsextreme Verlag hat seinen Sitz etwa zehn Kilometer von Strehla entfernt in einer weißen Industrieschachtel am Stadtrand von Riesa. Und genau deshalb hat es die Schreibers nach Sachsen verschlagen. Denn nachdem Ines Schreibers Ehemann seine Stelle beim *Nation & Europa*-Verlag[1] in Coburg verloren hatte, fand er in der umfunktionierten Lagerhalle einen Job als Vertriebsleiter des NPD-nahen Verlagshauses. Inzwischen hat er eine neue Aufgabe: Der studierte Finanzwirt und Steuerfahnder a.D. ist jetzt als parlamentarischer Berater der NPD-Fraktion im sächsischen Landtag angestellt.

Ines Schreiber zeigt gerne, wie hübsch sie es in Strehla haben: Das Städtchen, mit seinen 4000 Einwohnern eigentlich eher ein Dorf, liegt idyllisch auf einem Hügel über dem Elbtal im Landkreis Meißen, auf halber Strecke zwischen Dresden und Leipzig. Fahrradtouristen machen gerne Station in der mittelalterlichen Stadt. Vom Marktplatz mit dem Renaissance-Rathaus und den denkmalgeschützten Bürgerhäusern sind es nur ein paar Schritte zur

Toreinfahrt der Strehlaer Burg aus dem 15. Jahrhundert. Am anderen Ende der Altstadt kommen zwei Jugendliche aus dem Discounter, sie trinken Bier aus der Flasche. Einer trägt eine Bomberjacke und Springerstiefel, der andere die Haare zum Kamm aufgestellt.

Es gebe leider auch in Strehla ein paar »pubertäre, hormongesteuerte Jugendliche«, sagt Ines Schreiber. Sie lacht. »Das pubertierende Männchen ist nicht so leicht zu zähmen – das ist auch in der Tierwelt so.« Die rechten Jungs hier seien aber »wirklich total harmlos«. Gewalt gebe es nicht, versichert Ines Schreiber, »und wenn, dann nur untereinander«. Sollte einer »in betrunkenem Zustand« doch mal »bestimmte Dinge« rufen oder die rechte Hand heben, dann bekomme der sofort Ärger: »Ich sag denen: Ihr macht uns die ganze Arbeit kaputt – das geht so nicht!« Die Frau des NPD-Mitarbeiters klingt jetzt mütterlich besorgt: »Ich gebe diese Jugendlichen aber nicht auf.«

Das Zuhause der Schreibers liegt am Rande der Altstadt, ein saniertes Bauernhaus, umgeben von einer dicken Mauer mit grünem Holztor. Leider könne sie Journalisten nicht zu sich nach Hause bitten, entschuldigt die Mutter. Der Vermieter wünsche keine Presse auf seinem Grundstück. Sie schlägt stattdessen das kleine Café am Marktplatz vor, wo der Wirt den dampfenden Milchkaffee in flachen, grünen Keramiktassen serviert. »Sind die nicht schön?«, fragt Ines Schreiber beglückt. Sie schwärmt für solche Töpferware. »Und Strehla ist ja eine alte Töpferstadt.«

Ines Schreiber ist eine verblüffend offene Person. Es dauert nicht lang, dann weiß man, dass sie aus Stralsund stammt und nach ihrer Ausbildung zur Krankenschwester der Arbeit wegen in den Westen zog, dass ihr Vater ein Sportfreak war, die Mutter früh an Krebs starb und unter einer Linde begraben liegt, dass sie mit Nachtschichten als Krankenschwester dem kleinen Bruder das Medizinstudium mitfinanzierte, dass ihre zwei Söhne per Kaiserschnitt geholt wurden und der jüngere außerdem eine Frühgeburt war.

Die Tische des Cafés stehen gleich neben der Brottheke, und so kann der Bäcker, wenn er will, jedes Wort seiner Gäste mithören. Das scheint die Hausfrau nicht zu stören.

Genauso unbefangen wie über ihre Familiengeschichten plaudert Ines Schreiber über jenen Teil ihres Lebens, der sie und ihren Mann in jüngster Zeit zum Stadtgespräch gemacht hat. Mitte zwanzig sei sie gewesen, als Kollegen aus dem Krankenhaus sie für die »Republikaner« begeisterten. Damals arbeitete sie noch im niedersächsischen Buchholz. Ihren Mann lernte sie im Bundesvorstand der »Jungen Republikaner« kennen. Nur zwei Monate später sei sie zu ihm nach Südhessen gezogen. Damals arbeitete Peter Schreiber noch für die Oberfinanzdirektion Frankfurt, nach Feierabend saß er für die REPs im Kreistag.

Den Staatsdienst hat Peter Schreiber inzwischen quittiert. Bei den »Republikanern« sind die beiden auch ausgetreten. Weil die Partei ihnen »zu lasch« wurde, sagt Ines Schreiber. Ihr Mann schloss sich 2006 der NPD an. Ines

Schreiber nicht, sie machte zunächst nur als parteiloses Mitglied in der NPD-Frauengruppe mit.

Ein Jahr später, die Schreibers waren gerade nach Sachsen gezogen, wurde der Steuerfachmann in den Meißener Kreistag gewählt. Im Sommer 2009 kandidierten die Schreibers auch für den Stadtrat in Strehla. Das NPD-Wahlplakat präsentierte Ines und Peter Schreiber als glückliches, junges Ehepaar – ihre Hände ruhen auf seinen Schultern, ganz wie man es von romantischen Hochzeitsfotos kennt. Peter Schreiber, ein schmaler Brillenträger mit Schnauzbart, sitzt heute als erster Politiker der NPD im Strehlaer Stadtrat. Für Ines Schreiber reichten die Stimmen nicht ganz.[2] Sie klingt nicht geknickt, wenn sie das erzählt. Sie sagt von sich aus: »Ich brauche eigentlich auch kein Parteibuch.« Vielleicht hätte es ihrer politischen Arbeit sogar zunächst geschadet.

Denn Ines Schreiber wirkt mit Vorliebe da, wo die Leute an alles denken, nur nicht an die NPD. Zum Beispiel im Elternbeirat der Schule. Oder auch vor Gericht. Seit Mai 2009 ist die 36-Jährige beim Amtsgericht Riesa als Schöffin aufs Grundgesetz vereidigt. Als »Stimme des Volkes« wolle sie dazu beitragen, härtere Strafen durchzusetzen, natürlich nur im Rahmen des gesetzlich Möglichen. »In Deutschland gilt ja leider immer noch Täterschutz statt Opferschutz.« Ginge es nach ihr, dann würden Gerichte in Deutschland auch wieder die Todesstrafe verhängen, »für Mörder – ganz klar«, sagt sie, »aber auch für Kinderschänder«.

Der Strehlaer Stadtrat hatte ihre Nominierung im Juni

2008 in öffentlicher Sitzung einstimmig bewilligt, auch der Schöffenwahlausschuss des Amtsgerichts, dem für die zwölf Laienrichterposten immerhin 20 Kandidaten zur Auswahl standen, entschied sich für die gelernte Krankenschwester. Von Journalisten auf die Personalie angesprochen, behauptete der Amtsgerichtsdirektor, er habe von der politischen Orientierung der Schöffin nichts gewusst – und leitete ein Ausschlussverfahren gegen Ines Schreiber ein.

Die NPD hingegen hat Ines Schreiber inzwischen als Vorzeigefrau für sich entdeckt. Der sächsische NPD-Chef Holger Apfel bejubelte ihren Posten als Schöffin im Internet: Ines Schreibers Engagement am Riesaer Amtsgericht beweise, »wie weit die Nationalen hier auf ihrem Weg in die Mitte des Volkes bereits gekommen« sind. Das Ehrenamt als strategisches Mittel.

Dass die NPD versucht, junge Frauen als Sympathieträgerinnen für ihre Ziele einzuspannen, ist weder überraschend, noch ist es ein besonders neues Phänomen. Umfragen belegen seit Jahren: Frauen denken kaum weniger radikal als Männer – sie geben aber seltener rechtsextremen Parteien ihre Stimme. Im Herbst 2006 richtete die NPD den »Ring Nationaler Frauen« (RNF) als Unterorganisation der Partei ein, in der Hoffnung, dass die Damenriege der NPD bei ihrem Streben nach einem ansehnlicheren Image behilflich sei. Viel zu sagen hat der RNF nicht in der Partei. Auf die Vorstandsposten wurden zuletzt nur Männer gewählt.

Allein die Vorsitzende der Frauengruppe ist im NPD-

Parteivorstand vertreten – automatisch, kraft ihres Amtes. Sie heißt Edda Schmidt und ist Jahrgang 1948, eine Großmutter von acht Enkelkindern aus Schwaben, die gerne im Dirndl auftritt und im Interview an die Kameradinnen appelliert, doch bitte wieder mehr Zeit am Herd zu verbringen, weil »Fertigfraß« die Kinder krank mache. In ihrer Vita nennt sie als Interessenschwerpunkte unter anderem »Brauchtum (Verfasserin von zwei Heften über Erntedank und Sonnenwende)« und »Reisen in abgetrennte deutsche Siedlungsgebiete«. Stolz erwähnt sie ihre Arbeit als »Gaumädelführerin« in der seit 1994 verbotenen neonazistischen Kinder- und Jugendorganisation »Wiking-Jugend«.

Die strittige Frage, was genau Frauen eigentlich in der Politik sollen, führt auch unter rechtsextremen Aktivistinnen immer mal wieder zu einem Eklat. Als nach der Kommunalwahl in Mecklenburg-Vorpommern im Sommer 2009 zwei NPD-Kandidatinnen ihre gerade gewonnenen Mandate artig an männliche Kollegen abtraten, entrüstete sich die sächsische NPD-Landtagsabgeordnete Gitta Schüßler über die »Kameraden im Norden«, zu denen sich wohl noch nicht herumgesprochen habe, dass »ein Volk nicht nur aus Männern besteht«; der NPD-Landesverband agiere wie eine »Männersekte«. Damals war Schüßler noch Vorsitzende der NPD-Frauengruppe gewesen. Diesen Posten verlor sie kurz nach ihrem Protest an die ehemalige »Gaumädelführerin« Edda Schmidt.

Ines Schreiber schweigt dazu lieber. Sie sagt aber, sie finde es »großartig«, dass sich der mecklenburg-vorpommersche NPD-Landeschef Udo Pastörs nach dem Einzug der Partei in den Schweriner Landtag vor laufenden Kameras bei den Frauen für die Bewirtung und das Wäschewaschen bedankte – »wo so was heute eigentlich nur noch belächelt wird.« Dabei spreche doch so viel für die traditionelle Rollenverteilung: »Schon ganz früher sind die Männer ausgezogen, um jagen und sammeln zu gehen. Die Frauen haben sich in der Höhle um das Feuer gekümmert.«

Wenn sie sich als Mutter zu Hause um ihre zwei kleinen Kinder kümmern wolle, habe sie im Übrigen erstmal gar keine Zeit für eine Parteikarriere. Politisch wirken könne sie auch so, sagt Ines Schreiber: »Wenn ich hier zum Fenster raus auf den Marktplatz schaue, dann ist doch letztlich alles Politik.« Sie gehe zum Faschingsfest, zum Erntedank, zum Osterfeuer. Sie höre den Leuten einfach zu. Viele Mütter, erzählt sie, hätten ja keine Arbeitsstelle und säßen frustriert zu Hause herum. Die lade sie zu sich nach Hause ein. »Die Muttis kommen zu mir, wir basteln zusammen, oder wir gehen mal spazieren. So kommt man ins Gespräch. Irgendwann sag ich dann: Komm doch mal mit, hör dir an, was wir machen.« Sie grinst: »Von den Kameraden werde ich deshalb scherzhaft auch die Psychosozialtante von Strehla genannt.« Sie habe sich ja übrigens auch dafür eingesetzt, dass der bei Müttern beliebte Spielplatznachmittag in Strehla wieder eingeführt wird. Inzwischen bringe, wie früher, bei schönem Wetter immer mittwochs ein »Straßenarbeiter« Spielgeräte für die Kinder vorbei.

Der »Straßenarbeiter«, von dem Ines Schreiber redet, ist der örtliche »Streetworker«. Sie ersetzt alle Worte, die ihr nicht deutsch genug erscheinen – aus politischer Überzeugung. So wie sie aus Überzeugung meistens Röcke trägt, eigenes Gemüse im Garten anbaut, beim Bauern auf dem Wochenmarkt einkauft und mit ihren Kindern, wie einst die Nationalsozialisten, das »Julfest« feiert statt Weihnachten.[3] Selbst in der Musik zählt das Bekenntnis. Sie höre Heimatlieder und liebe Balladen – vor allem die von »Hauptkampflinie«. Die Gruppe wurde bekannt mit Texten wie diesen: »Wir sind dem Reich verschworen und bleiben ewig treu. Der Kampf ist nicht verloren, wir erschaffen es neu. Denn der Traum vom Reich, er lebt in uns, ja der Traum vom Reich, er lebt in uns!«[4]

Ines Schreiber gestaltet ihr Leben ziemlich genau so, wie es sich die Gemeinschaft Deutscher Frauen (GDF) von ihren Mitgliedern wünscht. Die GDF ist eine kleine, öffentlichkeitsscheue, rechtsextreme Gruppierung, der Ines Schreiber vor Jahren beitrat. Auf ihrer Internetseite postuliert die GDF: »Unser Ziel ist eine große Frauenkameradschaft – eine Gemeinschaft – sowie die Stärkung unserer nationalen Bewegung durch charakterfeste, selbstbewußte und gebildete Frauen. Wir wollen aktiv im Leben umsetzen, was unserer Weltanschauung entspricht.«

Wer Mitglied der GDF werden will, muss eine Probezeit bestehen und seine Ernsthaftigkeit beweisen. Dann folgt ein Aufnahmeritual. Ines Schreiber berichtet mit leuchtenden Augen davon. Die Zeremonie habe abends in einem »wunderbar geschmückten Raum« stattgefunden,

Kerzenschein, dazu Musik von Richard Wagner. »Sehr festlich und rührend«, sagt sie, man könne da wirklich eine Gänsehaut bekommen. Sie schmunzelt. »Ich bin ja sowieso eine Romantikerin!«

Die GDF-Aktivistinnen ordnen ihr Leben einem Rollenbild unter, das an den Mütterkult im Nationalsozialismus erinnert und auf Theorien über die Bedeutung der Frauen für das Überleben der »nordischen Rasse« fußt. »Das natürliche völkische Leben sieht als Endziel das kraftvolle, körperlich und geistig gesunde Geschlecht«, heißt es auf der GDF-Homepage in der Rubrik »Frauentum«. »Dieser Wille nach Kraft und Lebensbejahung strömt aus dem Idealbild des nordischen Menschen. Immer nur völkisches Frauentum wird zur Hüterin dieser unserer nordischen Seele und Wesenheit, zur Urquelle der Kraft und Opferbereitschaft, um die wir beneidet und bekämpft werden.« Die Mission ist eindeutig: »Germanische Frau und Mutter, bekenne dich zum Erhalt und Fortbestand der eigenen Art. Denn nur Gleiches zu Gleichem bringt Mehrung und Ungleiches zu Ungleichem Zerstörung!«

Ines Schreiber denkt einen langen Moment nach, bevor sie dazu etwas sagt. Ein heikles Thema, das ist ihr klar. »Sicherlich ist es anzustreben, dass sich unsereins mit unsereins paart. So wie die Afrikaner sich erhalten, die Chinesen sich erhalten – so soll sich auch unsere Rasse erhalten«, sagt sie dann. »Für mich ist Rasse übrigens kein schlechtes Wort.«

Aber was, wenn sich ihr Sohn eines Tages in ein ausländisches Mädchen verlieben würde? Ines Schreiber verstummt kurz. Sie überlegt, lächelt verlegen. »Aus dem Bauch heraus würde ich sagen, das wird nicht passieren.« Dann erzählt sie eine Anekdote: Ihr Sohn Siegfried sammele ja Fußballbildchen wie die meisten Jungs seines Alters. Unlängst sei ihm aufgefallen, dass in der Nationalmannschaft »nicht nur deutsche, sondern auch dunkle Menschen« spielen. »Wieso spielen die nicht in ihrem Land, das ist doch die deutsche Mannschaft?«, habe Siegfried gefragt. Sie guckt jetzt wieder glücklich: »Das ist ein unverfälschtes, ganz natürliches, nicht strafbares Empfinden der Kinder.« Es heiße eben nicht zu Unrecht: »Kindermund tut Wahrheit kund!«

Auf die Frage, ob sie sich auch um die Gene der Deutschen sorge, zögert sie. »Ich bin da noch im Studium, ich kann's noch nicht belegen.« Sie habe ja daheim stapelweise Bücher liegen, die sie noch lesen wolle. Das klingt gewissenhaft. »Aber mein Gefühl sagt mir, dass die Menschen nicht mehr so widerstandsfähig sind, wenn sich das so mischt.«

In der GDF wird sich Ines Schreiber für diese Ansichten nicht rechtfertigen müssen – und vermutlich nicht mal in der NPD-Frauengruppe. Zwar versteht sich die kleine »Gemeinschaft Deutscher Frauen« als parteiunabhängige Initiative, viele ihrer Mitglieder haben aber enge Verbindungen zur NPD. Die Internetseite der GDF beispielsweise ist registriert auf Ricarda Riefling aus dem niedersächsischen Coppengrave. Wie Ines Schreiber hat sich auch Ricarda Riefling ehrenamtlich in ihrem Wohnort engagiert. Die 27-jährige Mutter von vier Kindern betreute dort das Kinderschwimmen des Sportvereins und musste diese Arbeit erst nach kritischen Medienberichten aufgeben. Der Verein rechtfertigte sich damit, die junge Mutter sei beim Schwimmtraining nie politisch aktiv gewesen. Dabei gehört Riefling zu den umtriebigsten Frauen im rechtsextremen Milieu. Sie sitzt im Landesvorstand der NPD-Niedersachsen, leitet den NPD-Unterbezirk Oberweser, gehört außerdem dem Bundesvorstand der NPD-Frauengruppe an und tritt immer wieder als Rednerin bei rechtsextremen Demonstrationen auf. Ihr Mann, Dieter Riefling, ist seit vielen Jahren in der niedersächsischen Neonaziszene aktiv und gilt dort als einflussreich.

Dass die GDF »eine Vielzahl von Mitgliedern« habe, die sich gleichzeitig in der NPD-Frauengruppe engagierten, bestätigte auch Linda Fuchs, Mitglied der GDF-Bundesspitze, im Interview mit der NPD-Parteizeitung *Deutsche Stimme*.[5] Die 25-Jährige ließ sich selbst sogar als Vorzeigemutter für ein NPD-Plakat zur Bundestagswahl 2009 ablichten – Slogan: »Vaterland, Muttersprache, Kinderglück«.

Auch Ines Schreiber redet viel darüber, wie wichtig ihr die Arbeit als Hausfrau und Mutter ist. Zum Gespräch kann man sich nur vormittags verabreden, denn ihre Söhne gehen nicht in den Schulhort. Die Jungen spielten stattdessen nachmittags mit ihr draußen im Garten, erzählt sie, sie singe und lese viel mit ihnen. Wären die Söhne der Schreibers schon alt genug gewesen, hätten sie

wohl auch an Ferienlagern der neonazistischen »Heimattreuen Deutschen Jugend« (HDJ) teilgenommen – des
Gemeinschaftserlebnisses wegen, versichert die Mutter.
Das Verbot des Vereins durch das Bundesinnenministerium im März 2009 findet sie nicht in Ordnung.[6] Schließlich schade es ja nicht, wenn Kinder die Geschichte der
NS-Zeit »von zwei Seiten« kennenlernten. »Dann können
sie sich selbst eine Meinung bilden.«

Daheim dürften Siegfried und Heinrich auch mal ein
Hakenkreuz malen, erzählt Ines Schreiber. Ihre Kinder
wüssten, »dass das Hakenkreuz ein über 3000 Jahre altes
Zeichen ist«, sagt sie, aber auch, »dass sie es draußen
nicht anwenden dürfen«. Sie habe Siegfried erklärt, dass
es »der Herr Adolf Hitler benutzt hat« und dass der Zweite
Weltkrieg »eine schlimme, schwere Zeit für alle Beteilig-
ten« gewesen sei.

Wenn man Menschen in Strehla nach Ines Schreiber
fragt, erzählen sie nicht von Hakenkreuzen oder Rassismus, sondern von einer jungen Mutter, die »immer nett
und freundlich« sei und für alle ein paar verbindliche
Worte parat habe. Manche Kunden würden sich ja heutzu-
tage nicht mal mehr verabschieden, sagt die Verkäuferin
im Schreibwarenladen am Marktplatz und macht eine ab-
fällige Geste: »Zur Tür raus – und das war's.« Aber gegen
Frau Schreiber könne man »menschlich nichts sagen«.

An der Ladentheke, im Elternbeirat oder auf der Spiel-
platzbank kommt Ines Schreiber den Leuten auch nicht
mit der Hitler-Zeit. Wenn sie über Politik redet, dann über
die gefährliche Kreuzung am Ende der Lindenstraße, die

dringend einen Zebrastreifen brauche. Über die verfallenden Häuser entlang der Hauptstraße, die das Bild der Altstadt verschandelten. Über Hundedreck in der Stadt, über nächtlichen Vandalismus nach der Freitagabenddisko im »Lindenhof«. Oder sie erzählt von ihrer Idee, ein »Mehrgenerationenhaus« einzurichten, anstelle des städtischen Jugendclubs, der ohnehin nicht so richtig ankomme.

Ein Mehrgenerationenhaus in Strehla! Bürgermeister Harry Güldner lacht los, dass das bordeauxrot schimmernde Oberhemd über seinem stattlichen Bauch zittert. »Ein Mehrgenerationenhaus – klar, da hätte Frau Schreiber gleich drei Generationen unter einem Dach und könnte die alle gleichzeitig bearbeiten.« Er klingt angriffslustig. »Warum ziehen die denn selbst in einen sanierten Altbau und nicht in eines der heruntergekommenen Häuser in der Hauptstraße, wenn ihnen die so am Herzen liegen?« Und erst der angebliche Vandalismus rund um die Kleinstadtdisko: »Was für ein Quatsch«, schnaubt Güldner, »nur weil da mal jemand in Nachbars Garten pullert!«

Bürgermeister Güldner, auch Vorsitzender des Strehlaer Ballspielvereins, ist ein bodenständiger Typ. Wenn er redet, fließen die Worte in breitem Sächsisch ineinander. Die Schreibers, versichert der CDU-Politiker, hätten in Strehla wirklich noch keinen einzigen politischen Vorschlag gemacht, der neu und sinnvoll gewesen wäre. Bisher sehe es auch nicht aus, als hätten sie viele Mitstreiter im Ort.

Alarmiert ist der Bürgermeister trotzdem. Es irritiert ihn, dass Peter Schreiber als Zugezogener auf Anhieb ins

Strehlaer Kommunalparlament gewählt wurde. Der NPD-Mann komme stets gut vorbereitet in die Stadtratssitzungen, sagt Güldner, egal, um welches Thema es gehe. Man merke, dass die NPD hier inzwischen ein »durchstrukturierter Laden« sei. Er seufzt: »Die besetzen Themen, die alle interessieren. Und wenn es die Butter ist, die wieder zwei Cent teurer geworden ist – das wird alles ausgeschlachtet!«

Harry Güldner will verhindern, dass sich das Ehepaar »von hinten« auch noch in die Vereine der Stadt drängt. Für den Bürgermeister ist es ärgerlich genug, dass Ines Schreiber unter seinem Amtsvorgänger als Schöffin nominiert wurde. »Was soll denn da rauskommen, wenn mal ein Kerlchen mit anderer Hautfarbe vor Gericht steht?« Der CDU-Mann wiegt unglücklich den Kopf. Auch die Sache mit Schreibers Elternbeiratsposten gefalle ihm überhaupt nicht. Die Eltern sollten sich dazu bitteschön klar positionieren.

Das tun sie bereits – nur nicht ganz so, wie es sich der Bürgermeister wünscht. Heiko Zscheile, Bauingenieur, Vater zweier Kinder, sitzt selbst im Stadtrat von Strehla, für die Freien Wähler, und leitet den Elternbeirat der Grundschule. Der Elternsprecher findet, dass sich die Bundesregierung um das Problem mit den Rechtsextremen herumdrücke. »Ich hätte da gern eine klare Linie: Entweder die NPD ist verboten – oder sie ist okay«, sagt er. So wie bei den Grünen, die hätten ja auch öfter komische Ansagen gemacht, aber da wisse man inzwischen, wie man die einsortieren solle.

Über die Lokalpolitikerin Ines Schreiber äußert er sich vorsichtig. Womöglich sei die Mutter mit ihrer freundlichen Art für die Erfolge der NPD in Strehla sogar wichtiger als ihr Mann, sagt er. Ihm gegenüber habe sie sich aber noch nie politisch geäußert. Und Fragen hat Zscheile der Elternbeiratskollegin auch nicht gestellt. Der neue Schulelternbeirat, entschuldigt er, habe bisher ja erst zweimal getagt und bei einer der Sitzungen sei Ines Schreiber nicht da gewesen.

Außerdem könne er ja nichts für das Wahlrecht: Ines Schreiber sitze als stellvertretende Elternsprecherin der Klasse ihres älteren Sohnes ganz automatisch im Schulelternbeirat. Denn das Leitungsgremium setze sich aus allen Klassenelternsprechern und deren Stellvertretern zusammen. »Und wenn die Eltern der Klasse das wollen«, sagt Zscheile nüchtern, »dann ist die beim nächsten Mal auch wieder drin.«

So sieht es auch die Leiterin der Grundschule. Die Wahl der Elternsprecher sei allein Sache der Mütter und Väter der jeweiligen Klasse, sagt Iris Lehmann, sie wolle und könne dieses Verfahren nicht beeinflussen: »Wir leben nun mal in einer Demokratie.« Außerdem sei sie als Schulleiterin – ganz unabhängig von ihrer persönlichen Meinung – allen Eltern gegenüber zur Loyalität verpflichtet. »Ich kann diese Menschen doch nicht ausgrenzen.«

Den Sozialpädagogen Andreas Näther macht diese Haltung wütend. Der Sozialdemokrat ist Sprecher des Bündnisses gegen Rechts in Riesa und leitet die Jugendhilfeeinrichtung »Sprungbrett«, die auch die Umsetzung des Bundesprogramms gegen Rechtsextremismus in der Region betreut. Das Gerede über die demokratischen Elternbeiratswahlen, die man zu respektieren habe, kann Näther nicht mehr hören. »Ich muss doch meine Demokratie auch verteidigen!«

Die Rektorin der Grundschule, sagt er, sei eine wirklich angesehene Person in Strehla, die Eltern schätzten ihren großen Einsatz. »So eine Frau, die hat verdammt nochmal eine Verantwortung in der Stadt!« Näther haut mit der Hand auf den Tisch. »Wenn die sich in ihrer Stellung nicht gegen die NPD positioniert, dann kann ich's ja von den einfachen Leuten auch nicht verlangen.«

Ines Schreiber macht einen zufriedenen Eindruck, wenn sie im Café am Marktplatz erzählt, wie viel leichter sie es hier mit ihrer Einstellung habe als früher im bayerischen Coburg. »Im Westen, da ist die Akzeptanz und die Toleranz kleiner.« In Strehla hingegen würden auch die Söhne wegen der Gesinnung ihrer Eltern nicht gehänselt. Während des Wahlkampfs im Sommer hätten ihr Heinrichs Kindergartenfreunde fröhlich zugerufen: »Tante Ines, du bist ja überall zu sehen!« Ihr achtjähriger Siegfried, erzählt sie, habe inzwischen natürlich auch mitbekommen, was sein Vater beruflich mache: »Er weiß, dass wir für Deutschland kämpfen – damit Deutschland nicht untergeht.« Nur in der Schule solle er darüber noch nicht reden, solange er die Zusammenhänge nicht richtig verstehe.

Die Mutter zieht eine Klarsichthülle aus ihrer Umhängetasche und legt sie auf den Bistrotisch. Der Umschlag enthält einige Artikel aus der Lokalpresse über den Rechtsstreit um ihr Schöffenamt und die Kopie eines Urteils. Vor ein paar Wochen hat das Amtsgericht Riesa über das Ausschlussverfahren gegen sie entschieden. Aktenzeichen E 322-5/09, neun DIN-A4-Seiten. Tenor: Für den Rauswurf der rechtsextremen Laienrichterin fehle es an einer »konkreten gesetzlichen Vorschrift«. Daher bleibe Ines Schreiber weiter Schöffin am Amtsgericht Riesa. Sie ist gewählt bis 2013. Berufung ausgeschlossen. Eingesetzt wurde Ines Schreiber aber schon seit Monaten nicht mehr. »Falls Sie die Kopien nicht brauchen, können Sie die Rückseite ja als Malpapier für Ihr Kind nehmen«, bemerkt Ines Schreiber freundlich. »Bei uns daheim wird nichts weggeschmissen, es wird erst nochmal bemalt!«

Nachtrag: Bei der Elternbeiratswahl der Strehlaer Grundschule im Herbst 2010 wurde Ines Schreiber nicht wiedergewählt, nachdem sie wenige Monate zuvor doch in die NPD eingetreten war.

2 | SCHÖNSTADT[1]

Täter, Opfer, Sohn

Niemand würde vermuten, welche Geschichte diese Frau mit sich herumträgt. Renate Sommer fährt im blauen Mini Cooper vor. Eine Unternehmergattin aus einem westdeutschen Provinzstädtchen, groß, schlank, schicke Bluse, edle Jeans. Sicheren Schritts betritt sie das kleine Landhotel, eine halbe Autostunde von ihrem Wohnort entfernt. Hier, wo niemand sie kennt, will die gelernte Speditionskauffrau von ihrem Sohn erzählen: Simon, 21 Jahre alt.

Sie hat lange gezögert. Niemand soll ihre Familie wiedererkennen. Deshalb darf ihr Name nicht bekannt werden, auch nicht der Wohnort. Selbst ihr Sohn Simon weiß nichts von dem Gespräch. In Deutschland gibt es Tausende Eltern wie die Sommers, die ratlos zusehen müssen, wie ihre Kinder zu Neonazis heranwachsen, sie leben in wohlhabenden Regionen im Westen oder in ärmlichen Landkreisen im Osten. Es sind Pfarrer und Soziologen, Maurermeister und Diplomaten, die um ihre Kinder kämpfen – aber sie bleiben fast alle unsichtbar. Über rechtsextreme Söhne und Töchter spricht man nicht, schon gar nicht öffentlich.

Renate Sommers Ehemann hat sich vom Bauernsohn zum Ingenieur hochgearbeitet, in den achtziger Jahren gründete er seine eigene Firma. Heute hat das Maschinenbauunternehmen 50 Angestellte, Kunden in aller Welt und muss, wie Renate Sommer versichert, dank eines dicken Polsters selbst die Finanzkrise nicht sonderlich fürchten. Was aber, wenn die Geschäftspartner in China vom Ausländerhass des jüngsten Sohnes erführen? Wenn bekannt würde, dass Simon wegen eines rechtsextremen Brandanschlags auf einen türkischen Obst- und Gemüseladen 16 Monate im Knast saß?

Es war ein Sommertag vor sieben Jahren, die Eltern saßen mit Simon in ihrem Ferienhaus auf Sardinien, ihr Urlaub hatte gerade begonnen, da klingelte Renate Sommers Handy. Der ältere Sohn Frederick rief aufgeregt von zu Hause an. »Mama, stell dir vor, was ich in Simons Schreibtisch gefunden habe!« Eine CD mit Neonazi-Musik. »Das kann nicht sein!«, dachten die Eltern. Sie suchten nach einer Erklärung. Simon war damals 14 Jahre alt. Als er ihnen versicherte, er habe die CD von einem Freund bekommen und selbst mit dem Zeug nichts zu tun, glaubten sie ihm. Renate Sommer hat sich nicht mal gemerkt, was es für Musik war, die ihr Jüngster da in seinem Zimmer versteckte. Warum auch? Nach dem Urlaub zerbrach ihr Mann die CD vor Simons Augen. »Wir dachten, damit hat sich das erledigt.«

Neonazis – für die Sommers waren das damals Leute aus dem Osten, aus der Unterschicht, aus kaputten Familien. Die Ausflüchte ihres Sohnes erschienen den Eltern deshalb völlig plausibel – im Gegensatz zur Wirklichkeit, die nicht in ihr Einfamilienhaus mit Garten passen wollte, am Rande dieser Kleinstadt südlich des Mains, ein Zuhause, das die Mutter »beschaulich« nennt. »Blauäugig« findet sie das heute.

Simon besuchte zu dieser Zeit die siebte Klasse des Gymnasiums. Die Mutter hatte wohl bemerkt, dass er sich veränderte. Nach dem Mittagessen verschwand er in seinem Zimmer, setzte die Kopfhörer auf und hörte Musik. Sie schob es auf die Pubertät. »Ich dachte, er braucht jetzt seinen Freiraum.« Was den Sohn damals so beschäftigte in seinem Zimmer, ahnten die Eltern nicht.

Schon Monate vorher war er im Internet auf ein rechtsextremes Forum gestoßen – zufällig, sagt die Mutter, im Gymnasium. Dort machte er in der Internet AG mit und durfte nach dem Unterricht ungestört im Netz surfen. So kam er in Kontakt mit einem 16 Jahre alten Neonazi, der ihm selbstgebrannte CDs schickte. Nicht irgendwelche, Simon lernte gleich die Stars der Szene kennen: die Rechtsrockband »Landser«[2], bekannt für besonders gewaltverherrlichende Texte, und den rechtsextremen »Barden« Frank Rennicke[3]. Damit die Eltern nichts bemerkten, ließ sich der Junge die CDs zu den Nachbarn schicken.

So verging fast ein Jahr, bis die Sommers begriffen, dass es Simon ernst war mit seinem neuen Hobby. Diesmal zitierte der Klassenlehrer sie in die Schule. Der Gymnasiast hatte CDs mit Balladen von Rennicke an zwei Mitschüler verschenkt – um sie für seine Lieblingsmusik zu begeistern. Die Werbeaktion flog auf, weil einer der Achtklässler das Präsent seinen Eltern gezeigt hatte und die es zur Polizei trugen. So saßen die Sommers wenig später beim Staatsschutz in der Nachbarstadt. Was für ein Termin! »Für mich war das alles total schockierend«, sagt Renate Sommer. Sie meint nicht nur die Vorladung, sondern auch das Verhalten ihres Sohnes. Denn Simon stritt alles ab, redete sich heraus. Die Eltern merkten, dass er log – und schwiegen. Die Staatsschützer aber glaubten dem Jungen. Wieso auch nicht, bei so einem prima Elternhaus? Renate Sommer hat nicht vergessen, was die Beamten zum Abschied sagten: »Wir hoffen, wir sehen uns nie wieder!«

Das war der Anfang.

Renate Sommer erzählt geradeheraus, eilig, ohne Schnörkel. Den schwarzen Kaffee, der vor ihr auf dem Tisch steht, hat sie längst vergessen. Sie muss nie lange nachdenken, die Orte, die Bilder, es scheint alles präsent, hunderte Male in ihrem Kopf gedreht, gewendet und hinterfragt.

Kein Wunder, denn mit Simons erster Polizeivorladung kamen bei den Eltern die Schuldgefühle: Warum ausgerechnet er? Was hatten sie falsch gemacht? Seit sieben Jahren treiben das Ehepaar nun solche Fragen um. Simon hatte doch nicht weniger Zuwendung bekommen als sein älterer Bruder Frederick. Wenn er aus der Schule kam, wartete seine Mutter zu Hause mit dem warmen Mittagessen. »Für die Kinder«, sagt Renate Sommer, »war wirklich immer Zeit.« Wie konnte es sein, dass ihr jüngerer Sohn trotzdem quasi zeitgleich einen so anderen Weg einschlug als der ältere?

So wie seine Mutter ihren ersten Sohn Frederick beschreibt, war der zwar nicht gerade beliebt bei den Leh-
rern. Ab und zu habe sie in die Schule gemusst, »um die
Wogen zu glätten«. Aber als Einser-Schüler konnte sich
Frederick einiges erlauben. Und offenbar langweilte er
sich an seinem Provinz-Gymnasium, es zog ihn ins Ausland, dahin, wo er sich mit den Besten messen konnte. So
kam es, dass Frederick mit 16 Jahren nach England ging,
an ein teures Privat-College. Seine internationale Karriere
begann.

Renate Sommer klingt auffällig verhalten, wenn sie davon erzählt. So als wolle sie die Geschichte des jüngeren
Sohns nicht noch hässlicher erscheinen lassen im Kon-
trast zu Fredericks Erfolgen.

Bei den Eltern zu Hause begann Simon derweil offen
über Ausländer herzuziehen: Die nehmen uns die Ar-
beitsplätze weg! Das sind Drogendealer! Juden – das waren für ihn jetzt geldgierige Betrüger. »Er suchte sich aus
der Ideologie heraus, was in die heutige Zeit passt, und
drehte sich die Sachen zurecht«, sagt die Mutter. Verzweifelt versuchten die Eltern, ihm den Irrsinn auszure-
den. Es half nichts. Vergessen schien alles, was er am
Gymnasium in seinen Lieblingsfächern Geschichte und
Gesellschaftskunde gelernt hatte. Der Mutter kam es vor,
als habe Simon einen Kasten aus Panzerglas über sich ge-
stülpt, um seine Gedankenwelt vor Angriffen von außen
zu schützen.

In dieser Zeit hätten sie nicht mehr ihren Sohn gesehen, sondern nur noch den Neonazi, der sich im Kinder-

zimmer breitgemacht hatte, sagt Renate Sommer: »Seine rechte Einstellung stand für uns plötzlich über allem. Das war vermutlich ein Fehler.«

Was sich in den folgenden Monaten in ihrem Einfamilienhaus zutrug, nennt sie »die totale Eskalation«. Simon war inzwischen 15 geworden, er fing an zu trinken, er trieb sich nachts herum, sackte in der Schule ab, schwänzte den Unterricht. Er versuchte, einen Kindergartenfreund, Sohn eines Schuldirektors, für die rechtsextreme Szene zu begeistern – der Junge sprang ab. Dann schlitzte er mit einem Kumpel die Reifen einer Vespa auf, die einem türkischen Jugendlichen gehörte. Die Polizei zitierte ihn auf die Dienststelle. Aber Simon stritt alles ab. Der Fall wurde nicht weiter verfolgt.

Der zuständige Polizeibeamte, erzählt Renate Sommer, sei ein guter Bekannter, der ihre Jungs von klein auf kannte. Offenbar wollte auch der Polizist nicht glauben, dass es dieser nette Gymnasiast aus gutem Hause ernst meinte mit seiner Karriere als Rechtsextremist. Er redete Simon ins Gewissen und beruhigte die Eltern: »Der fängt sich wieder, das ist nur eine Phase – glauben Sie mir, das geht vorbei!« Die Eltern wussten zwar, dass Simon auch dieses Mal log, dachten aber nicht daran, ihren Sohn zu verpfeifen. Es war ja so schon alles peinlich genug.

Die Mutter erzählt, dass sie eines Tages sogar ihrer Putzfrau kündigte, allein aus der Sorge, die Türkin könnte in Simons Zimmer auf seine rechtsextremen Sachen stoßen. Das habe sie der sympathischen Frau ersparen wollen. Und natürlich bangten die Sommers auch um ihren eigenen Ruf.

Simon trat der NPD-Jugend bei. »Er war ständig betrunken«, erinnert sich die Mutter. »Er wurde immer härter.« Es dauerte nicht lange, da landete der Gymnasiast wieder bei der Polizei. Simon hatte sich mit rechtsextremen Kumpels abends im Stadtpark eine Gruppe linker Jugendlicher vorgeknöpft. »Wie immer im Suff«, sagt die Mutter bitter. Sie meint es nicht entschuldigend. Man kann ihr lange zuhören, sie macht keine mildernden Umstände für Simon geltend. Im Gegenteil. Sie sagt sogar selbst: »Er ist nicht das verführte Kind. Es fällt mir schwer, das zuzugeben, aber es ist so. Er hat sich diesen Weg auf eigene Faust gesucht.«

Die Schlägerei im Stadtpark kam vor Gericht. Simon wollte keinen Anwalt. Der Zehntklässler wollte auch Mutter und Vater nicht im Gerichtssaal sehen. Er kam mit einer Jugendstrafe nach Hause – acht Monate Haft auf Bewährung. Die Eltern waren geschockt, ihr Sohn aber wirkte cool, erzählt Renate Sommer. »Lebt ihr in eurer heilen Welt«, habe Simon sie angeblafft, »ich lebe in einer anderen.« Die Mutter versichert: »Das war für uns die schlimmste Zeit.« Sie sagt das nicht zum letzten Mal an diesem Vormittag.

Die Eltern stritten mit dem Sohn, die Mutter mit dem Vater. Simon interessierte sich nicht für die Verbote der Eltern. Renate Sommers Mann fand, der Junge müsse endlich Grenzen spüren. Als Simon eines Nachts nach einer Schlägerei mal wieder betrunken daheim anrief und um Hilfe bat, streikte der Vater. Doch die Mutter wollte ihr verletztes Kind nicht im Stich lassen, sammelte Simon ein und fuhr ihn ins Krankenhaus. In solchen Momenten habe sie sich allein gelassen gefühlt mit den Sorgen, sagt Renate Sommer. Ihre Ehe sei »ohne Ende belastet« gewesen. »Simon führte uns täglich unsere Hilflosigkeit vor Augen. Oft reagierten wir schon gereizt auf Kleinigkeiten, über die wir normalerweise lachen würden.« Ein paarmal sei ihr Mann ausgerastet, habe vor Wut an Simon gezerrt, bis dessen T-Shirt zerriss. »Zum Schluss«, sagt sie bitter, »haben wir alle drei geheult.«

Aus der Ferne mischte sich auch der ältere Sohn Frederick ein. Er wollte den Konflikten nicht mehr zuschauen. Aus Angst, dass die Familie auseinanderbrechen könnte, vermutet die Mutter. »Werft Simon raus«, habe er gefordert. »Nehmt ihm den Schlüssel weg!« Und die Oma habe empfohlen: Schickt den Jungen doch in den Osten, da ist er unter seinesgleichen!

Renate Sommer klingt gefasst, wenn sie davon erzählt. »Simon hat sich wirklich zerstörerisch verhalten«, sagt sie. »So was kann eine Familie sprengen.«

Aber die Eltern warfen ihren Sohn nicht raus. Sie merkten ja, wie sehr er noch an ihnen hing. Als in der zehnten Klasse seine Versetzung auf dem Spiel stand, hatten sie ihm vorgeschlagen, auf ein Internat zu wechseln. Er suchte sich eine Schule im Internet aus, gemeinsam besichtigten sie die Einrichtung. Der Ausflug habe Simon völlig verstört, erzählt seine Mutter. Auf der Rückfahrt im Auto wurde aus dem Neonazi plötzlich wieder das schüchterne Kind: »Da geh ich nicht hin«, verkündete Simon. »Eher bring ich mich um!«

Nach außen hin aber schien bei den Sommers selbst zu diesem Zeitpunkt alles in Ordnung. Nur wenige Freunde kannten ihre Sorgen. Simon hatte zwar die Schule geschmissen und eine Lehre als Automechaniker begonnen – aber so etwas kommt ja in vielen Familien vor. »In unserem Bekanntenkreis war Simon weiter gerne gesehen«, erinnert sich die Mutter. »Fast niemand wusste, was er in seiner Freizeit machte.« Sie hält kurz inne. »Vielleicht wollten manche auch nicht wissen, was los war.« Oder die Leute sahen aus Höflichkeit weg.

Es muss auch ziemlich einfach gewesen sein, Simons extreme Seite zu übersehen. Er trug keine Glatze, keine Springerstiefel, sondern einen Kurzhaarschnitt und Turnschuhe. Seine Neonazi-Kleidung lag bei einem Kumpel im Keller, dort holte er sie sich, wenn er mit seinen Kameraden losziehen wollte. Selbst in der Familie staunten sie gelegentlich, wie meisterlich der Junge seine Gesinnung verstecken konnte. Zum Beispiel, wenn ausländische Geschäftspartner des Vaters zum Abendessen zu den Sommers kamen: Simon setzte sich dazu, war freundlich und höflich, bediente, schenkte nach, half beim Abraumen. Keiner der Gäste ahnte, dass da ein Neonazi mit ihnen am Tisch saß, ein junger Mann, der in seiner Freizeit für Fremdenhass und Rassismus warb. Und als der ältere Bruder zu Weihnachten seine Freundin, eine Tochter indischer Einwanderer, aus England mitbrachte, besorgte Simon ihr genau wie allen anderen aus der Familie ein

Geschenk. Seinen perplexen Eltern erklärte er, es gebe auch positive Ausnahmen unter den Ausländern.

Renate Sommer spricht von zwei Welten, zwischen denen ihr Sohn hin und her gependelt sei: die Familie und die rechtsextreme Szene. Eine komplizierte Übung, aber offenbar wollte der Junge auf keines der beiden Leben verzichten.

Vom Alltag dieses Neonazis, der da bei ihnen im Haus lebte, bekamen selbst die Eltern wenig mit. Wie hieß die militante Kameradschaft, in der sie den Sohn vermuteten? Welche Musik hörte er? Wer waren seine Idole? Auf viele Fragen weiß die Mutter keine Antwort. Was sie erzählt, bleibt an vielen Punkten schemenhaft. Simon habe sich Sachbücher über die Hitlerzeit aus der Bibliothek geliehen, über Russland, die USA, das Judentum. Er sei »extrem viel unterwegs« gewesen, erinnert sie sich. Vermutlich, weil er zu Skinhead-Konzerten und NPD-Demos im ganzen Land fuhr. »Aber davon wollte er uns nichts erzählen.« Nur einmal, da habe er von sich aus gefragt: »Mama, hast du mich in den RTL-Nachrichten gesehen?« Renate Sommer klingt auch fünf Jahre später noch entgeistert: »Er war richtig stolz – offenbar wollte er unbedingt, dass wir ihn bei dieser NPD-Demo wiedererkennen.« Womöglich, weil er hoffte, wenigstens als Neonazi mal groß rauszukommen.

Sein älterer Bruder Frederick hatte währenddessen in England mit hervorragenden Noten das Internat beendet, ein Begabtenstipendium ergattert und studierte Internationale Beziehungen an der Universität Oxford.

Hier Frederick, der gewandte, kontaktfreudige Kämpfertyp – da Simon, ängstlich, introvertiert, anhänglich. Manchmal hört sich die Geschichte der ungleichen Söhne an wie ein Musterfall aus einem Erziehungsratgeber, so überzeichnet wirken die Figuren. Die Mutter glaubt, der Umzug seines älteren Bruders nach England sei für Simon ein »Rieseneinbruch« gewesen. »Er hatte sich immer hinter dem großen Bruder versteckt. Dann war das Haus plötzlich leer.« Wenn die Eltern sonntags zum Kaffeetrinken zu Freunden gingen, kam Simon selbst als Teenager noch mit. Lange habe Simon keinen eigenen Freundeskreis gehabt. Die Mutter glaubt: Er hatte bis heute auch nie eine Freundin.

In der Auseinandersetzung mit ihrem Sohn hat sich für die Sommers auch das Bild von Neonazis geändert: »Wenn man sich diese Rechten anschaut, dann ist das doch ganz oft ein Typus: junge Männer, die ihr Leben nicht in den Griff kriegen, nicht mit Geld umgehen können, Probleme mit Alkohol haben.« Renate Sommer überlegt einen Augenblick. »Das sind Leute, die brauchen was, die suchen was, die finden was, da bleiben sie. Schwache Menschen, sensibel, ohne Selbstbewusstsein.« Sie meint damit auch Simon.

Renate Sommer suchte früh professionellen Rat. Als Simon mit seinen Werbeversuchen an der Schule aufflog, ging die Mutter zur örtlichen Erziehungsberatung. Sie hat noch im Ohr, wie die Pädagogin sie beruhigte: »Das ist die Pubertät, das legt sich!« Diese Einschätzung kannten sie schon von der Polizei.

Was die Sommers erlebten, ist keine Ausnahme. In den wenigsten Jugendämtern sitzen Mitarbeiter, die sich mit der rechtsextremen Szene auskennen. Betroffene Eltern irren lange umher. Oft werden die Fälle heruntergespielt. Es gibt zwar spezielle Beratungsstellen für Familien mit rechtsextremen Kindern, doch wer dorthin will, muss oft weite Fahrten auf sich nehmen.[4]

Die Sommers hatten damals von solchen Einrichtungen noch nichts gehört. In ihrer Ratlosigkeit buchten sie privat, auf eigene Kosten, Termine bei einem Mitarbeiter einer Jugendhilfe-Einrichtung. Der Heilpädagoge empfahl ihnen, sie sollten Simon seine rechtsextreme Gesinnung einfach mal frei ausleben lassen – dann werde der Teenager vielleicht die Lust an der Provokation verlieren. Doch Simon habe stattdessen keine Lust mehr auf die Treffen mit dem Erziehungscoach gehabt, erzählt seine Mutter. So schickten die Eltern ihren Sohn schließlich zum Psychologen. Der habe immerhin einen Zugang zu dem Schüler gefunden und als neutrale Instanz zwischen ihnen und dem Jungen vermittelt, sagt Renate Sommer.

Dass der ältere Sohn Frederick eines Tages im *Stern* über die Berliner Aussteigerinitiative EXIT und deren Elterngruppe las, war purer Zufall. Er erzählte seinen Eltern davon. Zunächst, gesteht Renate Sommer, sei sie ziemlich skeptisch gewesen: Wie sollten wildfremde Eltern ihnen helfen? Die haben doch auch nur Probleme! Aber ihr Mann wollte sich die Runde wenigstens anschauen. Heute sagt Renate Sommer: »Solche Hilfe braucht man.«

Der Gesprächskreis veränderte den Blick der Eltern auf

die eigene Lage. Die Geschichten der Familien waren völlig unterschiedlich – aber ihrer eigenen doch in vielen Punkten ähnlich. Da saßen andere engagierte Eltern, die auch nur noch um die eine Frage kreiselten: Wie hole ich mein Kind aus der rechten Szene raus? Gebildete Leute, die vieles anders gemacht hatten als die Sommers – sich aber trotzdem ähnlich ohnmächtig fühlten. Sie bestärkten das Ehepaar darin, nicht aufzugeben und Simon nicht rauszuwerfen. Für die Sommers war das eine enorme Erleichterung. Renate Sommer beschreibt es so: »Uns wurde klar, es ist nicht nur das Versagen von uns Eltern.« Allerdings konnte natürlich auch die Elterngruppe nichts an Simons extremen Einstellungen ändern.

Renate Sommer hat nicht vergessen, wie sie an einem Wochenende vor fünf Jahren die Lokalzeitung aufschlug und von den brennenden Holzkisten hinter einem türkischen Obst- und Gemüseladen in der Innenstadt las. In der gleichen Nacht hätten »Schmierfinken« auch mehrere öffentliche Gebäude mit »Sieg Heil«-Parolen besprüht, hieß es in der Meldung. Die Mutter hatte sofort ein »ganz blödes Gefühl«: War der »Schmierfink« ihr Sohn?

Drei Tage später führte die Polizei Simon in Handschellen aus dem Elternhaus ab. Der Junge kam in Untersuchungshaft, gestand die Sprühaktionen – beteuerte aber, er habe nur eine Zigarettenkippe in den Holzkisten entsorgt. Die Ermittler überzeugte das nicht.

Von diesem Tag an fand das Leben der Sommers im Schatten einer übergroßen Frage statt: Muss Simon ins Gefängnis? Wie »unter einer Glocke« habe sie sich gefühlt, sagt die Mutter. Es ging den Sommers wie Tausenden anderen Eltern in Deutschland, deren Kinder straffällig werden: Sie warteten auf das Urteil, auf Klarheit. Stattdessen vergingen Monate, es passierte nichts – außer, dass zwei Mitarbeiter des Landeskriminalamts bei ihnen aufkreuzten. Sie arbeiteten für das Aussteigerprogramm des LKA und wollten Simon überreden, sich von der rechtsextremen Szene zu lösen. Aber Simon dachte nicht daran.

Dann passierte wieder nichts. Allmählich haderten die Eltern mit der Justiz. Nicht etwa, weil ihrem Sohn eine Strafe drohte, sondern weil sein Fall nicht entschieden wurde. Ausgerechnet sie, die hunderte Male den Rechtsstaat gegen die Tiraden ihres Sohnes verteidigt hatten!

Der Prozess fand schließlich zweieinhalb Jahre nach der Tat statt – am Tag, bevor Simon seine Prüfung als Automechaniker ablegte. Doch selbst mit dem Urteil war das Warten nicht zu Ende. Denn der Jugendrichter verurteilte Simon zu einer Haftstrafe, die er aber zunächst nicht antreten musste. Der Richter verlangte im Gegenzug, dass Simon nun mit dem Aussteigerprogramm des LKA zusammenarbeitet, von dem er bisher nichts hatte wissen wollen.

Eine Katastrophe, das ahnten die Eltern. Ihnen sei der Ansatz der LKA-Mitarbeiter schon bei deren erstem Besuch »naiv« vorgekommen, sagt die Mutter. Die zwei »jungen, erfolgsorientierten« Herren hätten Simon aufgefordert, er solle ihnen seine Rechtsrock-CDs mitgeben, sich von seiner Clique lossagen. Renate Sommer schüttelt den

Kopf: »So als ginge es um ein Kindergartenkind, dem man sagen kann: Nimm doch mal ein Förmchen in einer anderen Farbe!« Verzweifelt warben die Eltern bei den Beamten um Verständnis für ihren Sohn, baten um mehr Geduld. Sie wollten ihren Sohn vor dem Knast bewahren. Es brachte nichts. Simon war zwar aus der NPD ausgetreten, aber nach ein paar Monaten, erzählt Renate Sommer, erklärten die Fachleute ihre Arbeit mit dem Neonazi für gescheitert. Das bedeutete: Er musste die Haftstrafe antreten.

Der Teenager wusste seit langem, wohin sein Verhalten führen würde. Trotzdem war die Nachricht auch für ihn offensichtlich ein Schock. Simon sei am Ende gewesen, sagt seine Mutter, »kurz vor dem Durchdrehen«.

In der Zeit bis zur Inhaftierung kam Simon mit der »Hilfsorganisation für nationale politische Gefangene und deren Angehörige e.V.« (HNG) in Kontakt – ein Neonazi-Verein, der rechtsextremen Häftlingen Brieffreunde vermittelt und sie so moralisch unterstützt.[5] Wie oft hatten die Sommers ihren Sohn belächelt für sein Geschwafel über Kameradschaft, Treue und Ehre. Was Simon da erzählte – für die Eltern war es Fiktion. Doch jetzt, wo Simon ins Gefängnis musste, löste dieser Neonazi-Verein die Verheißung von Kameradschaft und Treue ein. Renate Sommer konnte es kaum glauben, als sie erfuhr: Im Gefängnis erhielt Simon jede Woche zwei bis drei Briefe von Rechtsextremen. Einige Neonazis kamen ab und zu auch persönlich vorbei. Von den Besuchen der Eltern abgesehen, waren das seine einzigen regelmäßigen Kontakte nach draußen.

Insgesamt 16 Monate saß Simon im Gefängnis. Die Haft habe ihm psychisch zugesetzt, erzählt seine Mutter. Er habe das Zeitgefühl verloren, wirke ruhelos, sei noch einmal »härter« geworden. Und: Die Durchhalteparolen der rechtsextremen Brieffreunde ins Gefängnis erfüllten offenbar ihren Zweck. Die Mutter nennt ihren Sohn »von der Denkweise her uneinsichtig«.

Renate Sommer hält die Monate im Gefängnis für tote Zeit. Niemand habe versucht, mit Simon die Straftaten aufzuarbeiten. Die Psychologen hätten sich im Knast nur um die schlimmsten Fälle gekümmert. Weil Simon als unproblematisch galt, habe er auch kein Anti-Aggressionstraining bekommen. »Und für Malkreise ist er einfach nicht der Typ«, sagt Renate Sommer.

Sie will ihren Sohn nicht in Schutz nehmen. »Er hat sich selbst viel zuzuschreiben.« Trotzdem war der Umgang der Justiz mit ihrem Problemkind für die Sommers eine maßlose Enttäuschung. Das gestand die Mutter inzwischen selbst ihrem Sohn: »Ich hab ihm gesagt: Ich lebe wirklich gerne in diesem Staat. Aber in den letzten Monaten hab auch ich einige Dämpfer mitgekriegt.«

Die Erfahrungen mit der Justiz scheinen auch das Verhältnis der Eltern zu Simon verändert zu haben. Es wuchs ein Gefühl der Solidarität mit ihrem Jungen, er war in ihren Augen jetzt nicht mehr nur der rechtsextreme Täter, sondern auch ein Opfer fragwürdiger Strafverfolgungsmethoden. Erstmals seit langem hatten Vater, Mutter und Sohn wieder ein gemeinsames Thema.

Bei ihren Besuchen im Gefängnis hätten sie intensiver

miteinander geredet als je zuvor, erzählt Renate Sommer. Simon sei wieder näher an sie herangerückt. Es ist das erste Mal an diesem Tag, dass Renate Sommer so etwas wie Zuversicht ausstrahlt. Sie erzählt, wie froh sie sei, den Kontakt zu dem Jüngsten gehalten zu haben. Simon rede inzwischen versöhnlicher mit ihnen. Er sage: »Wir waren doch alle hilflos.« Die Stimmung zu Hause habe sich entspannt.

Die Erwartungen der Eltern sind geschrumpft. Sie hoffen immer noch, dass sich Simon eines Tages von der rechtsextremen Szene verabschiedet – aber sie erwarten es nicht mehr. »Vielleicht«, sagt Renate Sommer, »ist das alles nur unser Wunschdenken.« Ihr Sohn sei inzwischen selbst der Meinung, er könnte heute genauso gut ein Linker sein – wäre er damals mit 14 Jahren im Internet zufällig jemand anderem begegnet.

Simon ist jetzt 21 Jahre alt, ein deprimierter junger Mann. Arbeitslos, ohne Freundin, ohne Plan. Selbst als Rechtsextremer hat er es nicht weiter gebracht als ins Gefängnis. Die Sommers sind überzeugt: Sein Ausstieg kann nur klappen, wenn er eine attraktive Alternative zur Neonazi-Szene findet. Doch die gebe es bisher nicht. »Er braucht im Moment dringend seine rechten Freunde, er hat ja sonst niemanden – außer uns Eltern.« So sieht es die Mutter nach sieben Jahren.

3 | BARGISCHOW
Mit Spanferkeln gegen das System

Vorne im Gemeindesaal türmen sich Stimmzettel auf den Tischen. Es ist der Abend der Kommunalwahl in Bargischow, einem 380-Einwohner-Dorf in Ostvorpommern. Die Wahlleiterin erteilt hektisch Anweisungen. Sie klingt gereizt. Junge Männer aus dem Dorf haben sich neben ihr in Stühle fallen lassen, die Beine breit vor sich aufgestellt, die Arme verschränkt. Sie beobachten jeden Handgriff, protokollieren die Ergebnisse in einem Notizblock, als hätten sie Wahlfälscher vor sich, denen die schlimmsten Tricksereien zuzutrauen sind. Ab und zu tuscheln sie mit einem Kumpel, der etwas abseits sitzt. Daniel Rosa, 27 Jahre, Schlachterstatur und kurzer Kinnbart, ist in diesem Jahr zum ersten Mal für den Gemeinderat angetreten. Als parteiloser Einzelbewerber. Das ist nichts Besonderes hier im äußersten Nordosten der Republik kurz vor der polnischen Grenze. Es gibt neun Kandidaten für den Gemeinderat in Bargischow, keiner von ihnen hat ein Parteibuch. Wozu auch? Die großen Parteien sind verrufen. Und was Daniel Rosa antreibt, das hat sich im Dorf ohnehin längst herumgesprochen. Er ist ein Neonazi.

Hinten neben der Eingangstür wartet ein Herr mit rötlichem Bart, als Einziger im Raum trägt er ein gebügeltes Hemd und eine Krawatte. Sein Gesicht ist tiefrot angelaufen, er wirkt wie unter Schock.

Gerade hat Ulrich Höckner das bemalte Laken zu sehen bekommen, das am Morgen in den Bäumen vor dem Gemeindehaus hing. Noch weiß kaum jemand im Dorf davon. In einem Abstellraum bei den Toiletten liegt es jetzt versteckt. Die Wahlhelfer hatten das Transparent entdeckt, als sie morgens ihren Dienst antraten. Der 54-jährige Höckner redet nur halblaut darüber: ein Tuch, beklebt mit seinem Porträt. Daneben in schwarzen Buchstaben ein irrer Gruß an die Bürger: »Ich bins euer Uli. Mein Programm: – ich stehe für Krieg Sklaverei & totale Kontrolle!! – garantierte Arbeitslosigkeit für alle – für Banken gegen das Deutsche Volk.«

Wie Daniel Rosa steht Ulrich Höckner in diesem Jahr zum ersten Mal auf den Wahlzetteln. Auch er ist parteilos – kandidiert aber als Einziger für eine Partei, die CDU. Nicht etwa aus Leidenschaft für die Christdemokraten, sondern weil die CDU ihn als erste gefragt hatte. Höckner fühlte sich verpflichtet als Demokrat. Bei einem Fachkongress hat der Sozialpädagoge über Rechtsextremismus in seinem Dorf referiert und Konfuzius bemüht: »Besser, als über die Dunkelheit zu klagen, ist es, ein Licht anzuzünden.« Eigentlich müsste Höckner also Zuversicht verbreiten an diesem Abend. Stattdessen hat er eben die Polizei gerufen.

Die Kampagne gegen Höckner begann fünf Tage vor

der Wahl: Teenager aus dem Dorf zogen mit DIN-A4-Zetteln herum, säuberlich in Klarsichtfolie verpackt. Sie hefteten die Papiere an Laternenpfähle, Bushaltehäuschen, Bäume, fütterten die Briefkästen. Erst waren es Blätter mit dem Slogan: »Bürgermeisterwahl 2009: Keine Chance dem Nestbeschmutzer!!!« Später kam ein anonymes Flugblatt hinzu mit dem Titel: »Eine kleine Geschichte über die Gemeinde Bargischow«.

Höckner hat sich ein Exemplar daheim aufbewahrt. »Es war einmal vor langer Zeit eine kleine friedliche Gemeinde Namens Bargischow«, hieß es darin in holprigem Deutsch. »Die Bürger lebten dort Jahrzehnte lang in Ruhe und Frieden, doch eines Tages Ende der 90er, sollte Schluss sein mit der Glückseligkeit. Es zog eine Familie nach Bargischow, dessen Oberhaupt predigte immer wieder, das die Familie die kleinste Zelle der Gemeinschaft sei, allerdings schüttete er Kübelweise Hass und Missgunst über die dort Lebenden Bewohner aus. Die kleine Gemeinde in der es sonst so friedlich wahr, wurde von Medienkonsortien langziert und zwar nur zu einem einzigen Zweck, und jetzt kommt's!!! Er will, dass die Bürger in Angst leben!!! ...« So geht das Märchen weiter.

Jeder im Dorf wusste, dass Höckner mit dem »Nestbeschmutzer« gemeint war. Keiner bekannte sich zu der Aktion. Aber einige Formulierungen auf dem Flugblatt erinnern an einen Song der Rechtsrockband »Wiege des Schicksals«.[1] In der Gruppe spielt der Gemeinderatskandidat Daniel Rosa mit.

Ulrich Höckner hat vor elf Jahren die Leitung der Caritas-Stelle in Anklam übernommen. Die Familie zog von Berlin nach Bargischow, kaufte und renovierte die alte Dorfschule. Hohe Decken, lichte Räume, antike Möbel – ein prächtiges Haus mitten im Ortskern. Es fällt auf hier in Ostvorpommern, der ärmsten Region der Republik, wo Tausende Gebäude nur noch darauf warten, dass ein Abrissbagger sie erlöst. Viele im Dorf halten Höckner für einen Wessi. Dabei kommt er selbst aus dem Osten. Ursprünglich hatte er als Betriebsdozent bei Robotron gearbeitet, bekam aber aus politischen Gründen Vorlesungsverbot. So fing er im Jahr vor der Wende nochmal neu an – als kirchlicher Sozialarbeiter.

Seit ein paar Jahren schon versucht der Sozialpädagoge, den Einfluss der Rechtsextremen in Bargischow zu bremsen. Er meldete sich im Gemeindeparlament zu Wort. Er wollte wissen, warum Neonazis den Bargischower Jugendclub als Treffpunkt nutzen dürfen. Höckner beklagte sich auch bei Journalisten über den gleichgültigen Umgang mit den Rechtsextremen. Ausgerechnet er, der Fremde! Das kam nicht gut an im Dorf. Ulrich Höckner blieb der Einzige in Bargischow, der die Aktivitäten der Neonazis offen anprangerte. Bei den Rechtsextremen machte er sich so zur Hassfigur. Und mit seiner Kandidatur für den Gemeinderat im Sommer 2009 eskalierten die Feindseligkeiten.

Seit Wochen ist die Dorfstraße in Bargischow gesäumt von schwarz-weiß-roten Wahlplakaten der NPD. Wenn Höckner vom Wohnzimmer hinaussieht auf den Kirchplatz, blickt er auf eines davon: »Radikal. National. Sozial.« Die Rechtsextremen haben es an den Laternenmast gleich vor dem Wohnzimmerfenster gehängt. Ein stiller Gruß an ihn, den Störenfried im Dorf.

Wenige Tage vor der Wahl kamen auch noch die »Nestbeschmutzer«-Zettel hinzu, viele aus der Nachbarschaft ließen sie einfach hängen. Auf rechtsextremen Internetseiten wird die Aktion bejubelt und Höckner verspottet: »Jetzt hat er mal was im Briefkasten gehabt und regt sich auf, dass er angeblich bedroht wird«, lästert einer. »Schade um die guten Gene. Rein optisch einer der letzten echten Deutschen«, schreibt ein anderer über Höckner.

Nie waren die Höckners so eingeschüchtert wie in diesen Tagen. »Ich habe nicht damit gerechnet, dass das hier so heiß wird«, sagt der CDU-Kandidat. Zwei Tage vor der Wahl hatten sich Neonazis draußen am Kriegerdenkmal versammelt, nur ein paar Schritte von seinem Haus entfernt. Der Bargischower Lutz Genz spendierte Freibier. Auf den Plastikbechern pappten Aufkleber mit einem Genz-Foto und dem Appell: »Zusammen mit jedem Einzelnen für eine Gemeinde mit Zukunft! Wählt Lutz Genz!!!« Genz, 41 Jahre, von Beruf Kraftfahrer, in seiner Freizeit Gemeinderatsmitglied, kandidiert ebenfalls bei der Kommunalwahl. Zu der spontanen Wahlkampfparty kam auch der Gemeinderatskandidat Daniel Rosa mit seinen Kumpels. Trommler spielten auf. Rosa sprach zu seinen Kameraden. Und mittendrin stand Lutz Genz wie ein väterlicher Freund.

Ulrich Höckner saß zu dieser Zeit noch im Caritas-Büro in Anklam. Er erfuhr von der Wahlparty am Krieger-denkmal durch einen Anruf seiner jüngsten Tochter, die gerade nach Hause gekommen war. Weinend habe die 12-Jährige ihm erzählt, was sie auf dem Heimweg gese-hen hatte.

Ulrich Höckner tut sich schwer, die passenden Worte zu finden für das, was ihm und seiner Familie Angst macht im Dorf. Er will nicht übertreiben. »Es ist dieses Unberechenbare«, sagt er dann, »dieser Psychoterror.« Manchmal, da frage er sich, was als Nächstes passieren werde. Er lacht ratlos: »Es herrscht ja schon ein bisschen Pogromstimmung hier.«

Gerade einmal zweieinhalb Stunden dauert die Fahrt von Berlin hinaus nach Bargischow. Je näher das Ziel rückt, desto leerer wird das Land. Kein Hügel verstellt mehr die Sicht. Der Weg nach Nordosten führt vorbei an Feldern mit mannshohem Mais, durch winzige Dörfer, die aussehen wie vergessen von der Zeit. Mohn- und Kornblumen säumen die Straßen. Eine malerische Ecke.

Doch die Arbeitslosigkeit ist enorm in der Region, fast jeder Dritte gilt als arm.[2] Mehr als 6000 Einwohner verlor der Landkreis Ostvorpommern in den vergangenen sie-ben Jahren. Manche Dörfer schrumpfen dramatisch. Es bleiben die Alten und die aussichtslosen Fälle. Menschen, die nicht mehr zum Dorffest gehen, weil ihnen am Mo-natsende das Geld fehlt für ein Bier und eine Bockwurst. Die ihren Einkauf im Handkarren nach Hause ziehen und Propangasflaschen bei Schneeregen im Fahrradkörbchen transportieren. Was bleibt ihnen anderes übrig? An vielen Haltestellen stoppt nur noch der Schulbus. Und das Sozialgesetzbuch kennt keinen Anspruch auf ein Auto.

Am Ortseingang erinnert ein mehrstöckiger Plattenbau an die Zeit, als noch sozialistische Visionen in Bargischow erprobt wurden. Das Wetter hat grünliche Schlieren auf dem Block hinterlassen. In seinem Schatten liegt das alte Dorf. Eine kleine Bauernsiedlung, die sich im engen Kreis um die gotische Feldsteinkirche duckt. Pferde grasen auf der Koppel. Ab und an kläfft ein Hund. Sonst ist es still. Der Platz vor der Kirche liegt verlassen da. Kein Mensch ist zu sehen auf der Dorfstraße. Warum sollten die Leute auch vor die Tür gehen? Es gibt keinen Bäcker, keine Schule, keinen Verein mehr. Die freiwillige Feuerwehr gab auf. Auch das Gasthaus hat dichtgemacht. Hinter der Gemeinde beginnt das Haff, dahinter Polen. Urlauber rauschen nur vorbei an dieser Gegend – weiter auf der Fahrt nach Usedom.

Einen Namen hat sich die 380-Einwohner-Gemeinde in den vergangenen Jahren nur bei Verfassungsschützern und Politologen gemacht. Bargischow gehört zu jenen Orten im Nordosten, wo die NPD die besten Ergebnisse ihrer Parteigeschichte erzielte: 31,6 Prozent der Stimmen holte sie bei der Landtagswahl 2006 – mehr als irgendeine andere Partei. Und das, obwohl die NPD in Bargischow keinen Ortsverein hat und niemand aus der Gemeinde für die rechtsextreme Partei antrat. Zwar sind die Stimmenanteile der NPD inzwischen wieder gesunken, dafür aber können die Rechtsextremen offenbar auf einen festen

Kreis von Stammwählern im Ort setzen: Bei der Bundestagswahl 2009 landete die NPD mit 16,7 Prozent an zweiter Stelle hinter der CDU. Bei der Kreistagswahl 2009 kam sie auf 21,4 Prozent. Und kein Kreistagskandidat bekam in Bargischow mehr Stimmen als der Anklamer NPD-Politiker Michael Andrejewski.

»Freies Pionierland« mit idealen Standortfaktoren sei diese Gegend, schwärmte der NPD-Mann schon vor Jahren. In kaum einer Region gebe es eine geringere »Systembindung«, wenige seien so heruntergewirtschaftet. »Hier ist der Abgrund schon da. Wir geben ihm nur einen Namen.«

Andrejewski ist ein rechtsextremer Selfmademan, wie man ihn nur in Ostdeutschland finden kann. Er hat es in drei Jahren vom Hartz-IV-Empfänger zum Landtagsabgeordneten gebracht – obwohl er aus seinen verfassungsfeindlichen Zielen keinen Hehl macht: »Sein politisches Hauptziel ist es, durch andauernde kommunale Arbeit eine solide Basis für eine nationale Alternative zu schaffen, die einst das herrschende Parteiensystem ablösen soll«, heißt es in seiner offiziellen Vita.[3] Als der Lehrerssohn aus dem Schwarzwald im Jahr 2003 nach 36 Semestern Jura-Studium und Jahren in ausländerfeindlichen Gruppen in der Kreisstadt Anklam neu anfing, war die NPD dort ein Nichts. Aber es gab ambitionierte Neonazi-Kameradschaften in der Gegend. Andrejewski suchte ihre Freundschaft. Bereits ein Jahr später zog der unscheinbare Junggeselle aus dem Westen ins Anklamer Stadt- und Kreisparlament ein. Inzwischen sitzt er auch im Landtag. Das verdankt er nicht etwa der NPD, sondern den Neonazi-Gruppen aus der Region.

Die Strategien der Neonazis aus dem äußersten Nordosten gelten in der deutschen Kameradschaftsszene seit Jahren als wegweisend. Die Kameraden trauten sich früh aus dem Untergrund heraus, gründeten Vereine und Bürgerinitiativen mit harmlosen Namen: »Initiative für Volksaufklärung« oder »Schöner und sicherer wohnen in Ueckermünde«. Sie legten ein eigenes lokales Nachrichtenblatt auf, das zehntausendfach kostenlos verteilt wird. Weil immer mehr Menschen in der Region die Lokalzeitung abbestellen, gewinnt es an Bedeutung. Von den Finanzaffären des NPD-Parteivorstands oder den Strafverfahren gegen rechtsextreme Politiker steht im *Anklamer Boten* natürlich nichts.[4]

Im Anklamer Stadtzentrum haben Rechtsextreme zwei großflächige Immobilien gekauft. Anderswo in Deutschland führen solche Geschäfte zu Protesten in der Bevölkerung – in Anklam versuchte niemand, sie abzuwenden. In einem der Gebäude hat der NPD-Landtagsabgeordnete Andrejewski sein Bürgerbüro eingerichtet. Dort empfängt er regelmäßig Hartz-IV-Empfänger zur kostenlosen Rechtsberatung.

Um Jugendarbeit muss sich die NPD in der Region nicht groß kümmern, das übernehmen Neonazi-Gruppen. Das beste Beispiel ist der »Heimatbund Pommern«. Der Verein gilt als eine der bedeutendsten Organisationen der Neonaziszene in Mecklenburg-Vorpommern. Der Verfassungsschutz spricht von rund 30 Mitgliedern, der

Kreis der Unterstützer in der Region dürfte weit größer sein. Und ein junger Maurer aus Bargischow hat nach Ansicht des Verfassungsschutzes eine »wichtige Rolle« im »Heimatbund Pommern« inne: Daniel Rosa, Gemeinderatskandidat.

Seit Februar 2005 ist der Verein offiziell beim Amtsgericht Wolgast registriert, als »Heimatbund Pommern (HbP) – Bund zum Schutz für Umwelt, Mitwelt und Heimat e.V.«.[5] Sein Name ähnelt verblüffend jenem der neonazistischen »Heimattreuen Deutschen Jugend (HDJ) – Bund zum Schutz für Umwelt, Mitwelt und Heimat e.V.«. Die »Heimattreue Deutsche Jugend« wurde im Frühjahr 2009 vom Bundesinnenminister verboten, der »Heimatbund Pommern« nicht. Obwohl die inhaltlichen Parallelen auffällig sind: Beide Organisationen widmen sich, wie es wortgleich in ihren Satzungen heißt, der »Förderung der geistigen, charakterlichen und körperlichen Entwicklung der männlichen und weiblichen Jugend, des Jugendsports und der Jugendbildung«. Wie die HDJ macht auch der »Heimatbund Pommern« dem Nachwuchs nicht nur unpolitische Freizeitangebote, sondern will ihn gleichzeitig möglichst früh für die Ideen des Nationalsozialismus interessieren.[6] Eng verknüpft mit dem »Heimatbund« ist der »Kulturkreis Pommern«, dessen Trommler- und Tanzgruppe in den vergangenen Jahren bei Dorf- und Erntedankfesten in der Region aufgetreten ist.[7] Der »Heimatbund« veranstaltet Fußball- und Angelturniere, Schlachtfeste, Wanderungen und Fackelumzüge, die Jugendlichen legen gemeinsam Kränze an Kriegerdenkmälern ab und werden nebenbei zu guten Neonazis herangezogen.

Daniel Rosa, Gründungsmitglied des »Heimatbundes«, hat zu dessen Aktivitäten immer wieder kleine Erlebnisberichte auf der Website des Vereins veröffentlicht.[8] Auch Dutzende Erinnerungsfotos stellte der Verein in den vergangenen Jahren ins Internet: junge Leute bei Geländespielen, beim Fahnenappell, am Lagerfeuer. Ein Großteil der Bilder stammt von der Wiese gleich neben dem Bargischower Gemeindehaus. Dort steht, himmelblau gestrichen, versteckt hinter einer hohen Hecke, der Jugendclub des Dorfs.

Der Flachbau aus DDR-Zeiten war jahrelang ein wichtiger Treffpunkt für Mitglieder des »Heimatbund Pommern« aus der ganzen Region. Und natürlich auch für die Jugendlichen aus dem Dorf. So einfach ist das oft nicht zu unterscheiden. Die einen tragen T-Shirts mit Slogans wie »Fight the system, fuck the law« oder »Nur dein Tod schützt meine Kinder«, die anderen Aufschriften wie »Ready for a flirt« oder »Gangsta Soul«. Auf manchen steht auch schlicht »Heimatbund Pommern« oder das Logo »KBB«, ein Kürzel für »Kameradschaftsbund Bargischow«.

Vor der Tür des Bargischower Jugendclubs liegt Bauschutt herum. Die Jugendlichen aus dem Dorf haben sich selbst einen Holzofen eingebaut und neue Toiletten. Die Gemeinde spendierte einen Billardtisch und eine Tischtennisplatte. Inzwischen hängt auch eine Hausordnung an der Wand. Sie untersagt rechtsextreme Veranstaltungen in dem Gebäude. Die offiziellen Heimatbund-Treffen finden seither angeblich ein paar Kilometer weiter in der Kreisstadt Anklam statt. Doch junge Leute aus der »Heimatbund«-Clique gehen im Jugendclub nach wie vor ein und aus.

Der »Heimatbund« ist eng mit den örtlichen Neonazi-Kameradschaften vernetzt, einige aus dem Verein stehen der NPD nahe oder sind ihr beigetreten. Sie marschieren bei rechtsextremen Demonstrationen mit.[9] Tino Müller, ein Gründungsmitglied des »Heimatbundes«, sitzt seit 2006 für die NPD im Schweriner Landtag. Zur Kommunalwahl 2009 warb das Kameradschaftsblättchen *Anklamer Bote* für die Kandidatur des Bargischower »Heimatbund«-Aktivisten Daniel Rosa.[10] Und der Verfassungsschutz macht Anhänger des »Heimatbundes Pommern« auch für die anonyme Hetzkampagne gegen den Bargischower Gemeinderatskandidaten Ulrich Höckner verantwortlich.[11]

Die Gemeinde Bargischow plagt sich seit einigen Jahren mit der Frage herum, wie sie mit den Aktionen des rechtsextremen Vereins, seinen Mitstreitern und Unterstützern umgehen soll. Und wer in dem kleinen Ort zum ehrenamtlichen Bürgermeister gewählt wird, hat zwangsläufig Ärger – weniger *mit* den Neonazis, als *wegen* ihnen.

André Stegemann, 37 Jahre, parteilos, hat das nicht abgeschreckt. Er wurde am Ende des aggressiven rechtsextremen Wahlkampfs in Bargischow zum Bürgermeister gewählt. Der Vater dreier Töchter arbeitet als Kommissar beim Lagedienst der Polizeidirektion Anklam und ist gut informiert über die rechtsextreme Szene in der Region. Er weiß, dass der Gemeinderatskandidat Rosa in der Rechtsrockband »Wiege des Schicksals« mitspielt. Er kennt auch die CD der Gruppe mit dem Titel »Die Wende naht«. Er weiß, dass einer der Bargischower Jugendlichen, die mit den Neonazis herumziehen, der Sohn des wiedergewählten Gemeinderatsmitglieds Lutz Genz ist.

Und Lutz Genz, der Mann mit dem Freibier-Wahlkampf am Bargischower Kriegerdenkmal, sollte auch Stegemanns erste Herausforderung als neuer Bürgermeister werden. Ein Donnerstagabend, zwei Wochen nach der Kommunalwahl trifft sich im Gemeindehaus am Ortsrand zum ersten Mal der neugewählte Gemeinderat. Vier Männer und zwei Frauen – allesamt parteilos: der André, der Lutz, der Uli, der Kalle, die Eva und die Elke. Man duzt sich, aber die Stimmung ist frostig im Saal. In der ersten Reihe im Publikum sitzt Daniel Rosa mit ein paar Kumpels. Vier Stimmen haben dem Rechtsextremen zum Einzug in den Gemeinderat gefehlt, er hat das Ergebnis offiziell angefochten. Nun will er wissen, was aus seinem Einspruch geworden ist. »Daniel, heute ist keine Einwohnerfragestunde!«, raunzt Bürgermeister Stegemann genervt.

Stegemann hat andere Sorgen. Die Gemeindevertreter müssen den Vize-Bürgermeister wählen. Der von den Neonazis angefeindete Ulrich Höckner und der bei den Neonazis beliebte Lutz Genz treten gegeneinander an. Stegemann enthält sich der Stimme. Aber es gibt keine ausreichende Mehrheit, der Bürgermeister muss sich deshalb entscheiden. »Mehrheitsfähig in der Gemeinde wäre der Lutz«, sagt er knapp – und hebt im zweiten Wahlgang die Hand für Lutz Genz. »Mann, dat wird 'ne Party!«, jauchzt jemand in der ersten Reihe. Dann spricht Genz den Amtseid. Rosa und seine Kumpels feixen. Der Lutz schwört aufs Grundgesetz! Irgendetwas daran muss ziemlich lustig sein. Am nächsten Tag meldet der *Nordkurier*: »Rechtsextremer Ruck geht durch Bargischow«.[12]

Wenn man Stegemann um ein Gespräch bittet, reagiert er zögerlich. Er redet ungern mit Journalisten, nach allem, was seit seinem Amtsantritt über ihn in der Lokalpresse stand. »Ein echter Hammer!«, schnaubt Stegemann. Man unterstelle ihm, er habe mit Lutz Genz einem Sympathisanten der rechten Szene in die Position des Vize-Bürgermeisters verholfen. »Ich frage mich, wie kommen die darauf? Immer wird der Lutz in die rechte Ecke gestellt – dabei gibt es dafür keinen Beleg.«

Genz sei hilfsbereit, setze sich für die Jugendlichen ein, er hüte den Schlüssel für den Jugendclub und engagiere sich auch sonst viel für den Ort. Einer, auf den man sich verlassen könne. Dass der neue Vize-Bürgermeister mit den Jungs vom »Heimatbund Pommern« zusammen Wahlkampf gemacht habe, das heiße nicht unbedingt etwas, sagt der Bürgermeister. »Ich denke, der Lutz hat sich vor den falschen Karren spannen lassen. Dem ist das Ganze etwas aus dem Ruder gelaufen.«

André Stegemann ist ein freundlicher, kumpelhafter Typ – und durchaus offen, wenn er erstmal redet. Warum aber zeigte der Kommissar an der Hetzkampagne der Rechtsextremen vor der Bürgermeisterwahl so wenig Interesse? Er habe zwar aus einiger Entfernung mitbekommen, wie Daniel Rosa bei der Wahlkampfparty von Genz eine Rede hielt, erzählt Stegemann: »Das klang irgendwie nicht schön. Aber den Inhalt konnte ich aus der Entfernung nicht verstehen.« Und das feindselige Transparent mit Höckners Foto, das am Wahlsonntag im Juni in den Bäumen vor dem Gemeindehaus hing, habe er persönlich heruntergerissen. Denn seine Frau sei Wahlleiterin gewesen und habe ihn am Morgen zu Hilfe gerufen – »aber den Text habe ich mir nicht groß durchgelesen«.

Bei der rechtsextremen Hetzkampagne gegen Höckner handele es sich juristisch betrachtet nur um Beleidigungstatbestände, nicht um echte Bedrohungen, sagt Stegemann. Er habe Daniel Rosa damals zur Rede gestellt: »Dani, hab ich gesagt, hier darf nichts passieren! Wenn Höckner körperlich angegriffen würde, das wäre das Schlimmste für die Gemeinde!« Rosa habe ihm versichert, dass Ulrich Höckner von ihm nichts zu befürchten habe.

»Der Uli«, sagt Stegemann, »sieht das alles zu emotional.« Außerdem habe Höckner »dafür gesorgt, dass diese Journalisten ins Dorf kommen und falsche Dinge über uns schreiben«. Stegemann findet: »Wenn er ständig mit einem Kamerateam im Nacken unterwegs ist, muss er auch die moralische Verantwortung dafür übernehmen.«

Wenn der Bürgermeister seine politischen Ziele für die nächsten Jahre aufzählt, kommen die Neonazis im Ort nicht vor. »Was die Leute am meisten interessiert«, sagt er, »das ist der Zustand der Straßen.« Das Gemeindehaus sanieren, den Spielplatz fertigstellen, die Versorgung der Gemeinde mit frostsicherem Löschwasser gewährleisten, die Jugendfeuerwehr wiederbeleben – das sind seine Projekte. »Ich will als Bürgermeister Gemeindepolitik betreiben«, sagt Stegemann, »sonst nichts.« Vom Engagement des Vereins »Demokratisches Vorpommern« gegen die rechtsextreme Szene in Bargischow hält er ebenso wenig wie von öffentlichen Bekenntnissen gegen Rechts. Wenn die Neonazis im Dorf Ärger machen, knöpfe er sich die Jungs lieber persönlich vor. Neunzig Prozent der NPD-Wähler in Bargischow seien ohnehin Frustwähler, an deren wirtschaftlicher Lage er als Bürgermeister aber nichts ändern könne, sagt er: »Ich denke, da gehört sogar ein gewisser Mut dazu, sein Kreuz bei der NPD zu machen.«

André Stegemann ist gewiss keiner, der den Rechtsextremen den Weg bahnen will. Jeder Satz über das Thema ist für ihn ein Seiltanz. Hier die Leute im Dorf, da die Erwartungen von außen – dazwischen er, Bürgermeister und Polizist. Er muss die Neonazis unter Kontrolle halten. Aber er braucht auch den Rückhalt im Ort. Vielleicht erklärt das, warum Lutz Genz jetzt Stegemanns Stellvertreter ist.

Lutz Genz, Typ Fußballtrainer, zählt zu den wenigen Engagierten in Bargischow. Beim Dorffest im Sommer nach der Kommunalwahl ist der frischgewählte Vize-Bürgermeister im Stress. Wenn man Lutz Genz vor der Kinderhüpfburg anspricht auf die Vorwürfe, er sei ein Sympathisant der rechtsextremen Szene oder gar Mitglied im »Heimatbund Pommern«, reagiert er schroff. Eigentlich rede er nicht mit Reportern. Was in Bargischow wirklich los sei, das interessiere ja sowieso keinen, schimpft er. Er selbst sei weder rechts noch links, gehöre keiner Partei an und keinem Verein. Er wolle nur, dass allen Jugendlichen in der Gemeinde etwas geboten werde. Genz redet sich in Rage. »Jugend ist Jugend! Ich gucke nicht danach, ob das Punker, Penner, Rechte oder Linke sind«, ruft er wütend. »Aber was wird denn in den Medien berichtet über uns? Scheiße, nur Scheiße!«

Ob er die Rechtsextremen im Ort schlimm finde? »Was heißt hier schlimm?«, schnauzt Genz zurück. »Die meisten von denen sind über 18. Das ist deren gutes Recht. Jeder hat halt seine Meinung.« Dann entschuldigt er sich. Er wird gebraucht. Drinnen im Gemeindehaus muss jemand beim Bierausschank helfen.

Aus dem grauen Flachbau dringt Marschmusik, es spielt eine Blaskapelle auf, billiges Blümchengeschirr ist gedeckt. Senioren aus dem Dorf sitzen bei Kaffee und Kuchen zusammen, klatschen selig den Viervierteltakt, zwei Damen wagen ein Tänzchen.

Draußen vor der Eingangstür steht André Stegemann, der Bürgermeister. Beige Hose, weißes Trachtenhemd, helle Weste darüber. Der Polizist ist heute im Sondereinsatz. Fleißig schüttelt er Hände, scherzt mit den Gästen. Seine Töchter flitzen in Sommerkleidchen um ihn herum. Im Partyzelt läuft das Kartenturnier. Vom Grillplatz duftet es würzig. Ab und zu blickt Stegemann skeptisch hinüber zur Feuerstelle.

Seit dem Morgen brutzeln zwei stattliche Schweine an

Metallspießen über dem offenen Holzfeuer. Daniel Rosa zieht das Messer, sticht in die dunkle Kruste, betrachtet das Fleisch. Er hat sich ein Frotteehandtuch um den Hals geworfen, er schwitzt, obwohl der Nachmittagswind vom Haff immer mal wieder feinen Regen übers Land treibt. Acht Stunden rackert er schon hier, hat immer wieder Holz nachgelegt, das Fleisch begossen, die Spieße gedreht und um die Feuerstelle herum sogar ein rot-weißes Baustellenband gespannt, damit bloß nichts schiefgeht. Damit er den Gästen beim Dorffest eine anständige Beilage zum Bier auftischen kann.

Ein paar Jugendliche lungern am Feuer herum, schauen dem Kumpel respektvoll zu. Es lohnt sich: In Bargischow ist Rosa nicht nur bekannt für extrem rechte Ansichten – sondern auch für extrem schmackhafte Schweine.

»Jugend im Sturm« steht vorne auf Daniel Rosas T-Shirt. Und auf dem Rücken prangt ein Appell: »Unsere Stimme wird lauter, mach auch DU mit, damit diese Stimme unüberhörbar wird!« Es ist ein Slogan, mit dem der »Heimatbund Pommern« um Mitstreiter wirbt – Nachwuchs für den Kampf gegen »das System«.[13] Der Wahlkampf in Bargischow hat schon wieder begonnen. Zumindest für den Grillmeister und seine Kumpels. Sie sind noch jung. Sie haben Zeit.

4 | DELMENHORST

»Wir haben die Nazis besiegt!«

Einen Moment ist es still am anderen Ende der Leitung. Wie er die Geschichte seines Hotels rückblickend sieht? Mit dieser Frage scheint der ältere Herr nicht mehr gerechnet zu haben. Günter Mergel braucht einen Augenblick, dann raunzt er ins Telefon: »Das Ding ist verkauft worden. Mehr nicht.«

Mehr nicht. Da würden die Delmenhorster wohl widersprechen. Seit der gescheiterte Hotelier drohte, sein leerstehendes »Hotel am Stadtpark« an den Neonazi-Anwalt Jürgen Rieger zu verkaufen, brachte das Anwesen der Stadt nichts als Ärger ein. Ohne Günter Mergel hätten die Delmenhorster keine Spendenkampagne gestartet, keinen »Notkauf« der Anlage durchgeboxt. Viele in der Stadt halten die verwegene Spendeninitiative inzwischen für eine Dummheit. Umso mehr wurmt sie Mergels Geschichte. Die Leute raunen: Der Mergel ist mit unserem Spendengeld nach Australien getürmt und macht sich einen schönen Lebensabend! Der Mergel ist längst in Neuseeland! Quatsch, der Mergel ist bloß in München!

Am Telefon hört sich Günter Mergel, 67 Jahre, die Gerüchte aus seiner früheren Heimat schweigend an, bevor er mit einem süffisanten Lächeln in der Stimme verkündet: »Ich komme gerade von einer sehr sonnigen Terrasse zurück. Das ist richtig.« Und ja, diese Terrasse befinde sich im Ausland. Dann ruft er unvermittelt: »Ich bedanke mich für das Gespräch. Tschüss – auf Wiedersehen!«

Genau so haben sie ihn in Delmenhorst in Erinnerung. Ein Kauz, den das jahrelange Hickhack mit der Stadtverwaltung um die Nutzungsbedingungen für sein »Hotel am Stadtpark« zermürbt hatte. Ein gerissener Geschäftsmann obendrein. Einer, dem man allerhand zutraute: dass er sein verlottertes 100-Betten-Haus notfalls an die Hisbollah verkauft – oder an einen Neonazi. Hauptsache Geld.

Es war im Sommer 2006, da drängten sich Reporter aus aller Welt vor Mergels »Hotel am Stadtpark« in Delmenhorst. Nachrichtenagenturen schickten mehrmals täglich den neuesten Stand aus der 75 000-Einwohner-Stadt bei Bremen über den Ticker. Nicht nur *Spiegel* und *Tagesschau* verfolgten die Geschichte, auch der britische *Guardian*, *The Hindu* aus Indien und der *New Zealand Herald* fanden die Story meldenswert. Die Aufmerksamkeit war nicht nur Günter Mergels Geschäftsgebaren geschuldet, das die einen für ahnungslos hielten, die anderen schamlos fanden. Auch das außergewöhnliche Engagement der Bürger lockte die Presse an.

Es gab damals – wie überall – ein paar Rechtsextreme in Delmenhorst, aber keine organisierte Szene. Mergels Ankündigung, er wolle seine Drei-Sterne-Herberge an einen der berüchtigtsten Neonazis der Republik verkaufen, versetzte die Leute in Aufruhr. »Wird Delmenhorst Neonazi-Hochburg?«, titelte die *Delmenhorster Zeitung*. Angeblich war der rechtsextreme Anwalt Jürgen Rieger bereit, 3,4 Millionen Euro für den heruntergekommenen Bau aus den 70ern zu zahlen – weit mehr, als das fünfstöckige Gebäude wert war. Rieger verkündete, er wolle in dem Hotel ein Schulungs- und Veranstaltungszentrum für seine Anhänger eröffnen. Das Schreckensszenario: Mit solch einer »Nazi-Schule« in der Stadt würden die Immobilienpreise fallen, die Touristen wegbleiben, das bescheidene Image der Arbeiterstadt wäre ruiniert.

So versammelten sich die Delmenhorster hinter einer kühnen Idee: Sie beschlossen, das Hotel einfach selbst zu kaufen – um jeden Preis. Es folgten Wochen wie im Rausch. Ein Delmenhorster Fleischer verkaufte Bratwurst gegen Rechts, außerdem gab es Biotomaten gegen Rieger. Kein Tag, an dem nicht wenigstens eine Mahnwache abgehalten oder ein Benefiz-Golfturnier veranstaltet wurde – und die Welt schaute voller Bewunderung zu. »Selten war sich eine Stadt so einig«, bemerkte die *FAZ*. »Wie auch immer das Verwirrspiel ausgeht: Die Delmenhorster können aufrechten Ganges gehen. Denn initiiert und getragen wurde der Widerstand von den Bürgern.« Auf dem Spendenkonto gegen das »Nazi-Schulungszentrum« liefen binnen kurzer Zeit 945 000 Euro ein, die Stadt gab den Rest dazu. Drei Tage vor Weihnachten verkündete Oberbürgermeister Patrick de la Lanne (SPD) stolz, die Stadt habe das Gebäude für drei Millionen

Euro plus Nebenkosten erstanden: »Wir haben die Nazis besiegt!«

Inzwischen ist von der Euphorie in Delmenhorst nichts mehr übrig. Die Hoffnung, man könne sich von den Neonazis freikaufen, hat sich zerschlagen. Und aus der Idee, das Hotel – quasi als Dankeschön – für die Delmenhorster nutzbar zu machen, ist auch nichts geworden.

Der Ärger begann, kaum war der Kaufvertrag unterzeichnet. Niemand hatte einen Plan, was mit dem leerstehenden Gebäude passieren sollte. Die Bürger wurden aufgerufen, Postkarten mit ihren Ideen einzusenden. Die Antworten glichen einem bunten Wünsch-Dir-Was: Bürgerzentrum, Jugendherberge oder Frauenhaus, Arbeitsamt oder doch besser Kulisse für eine TV-Soap? Das einzige Konzept, für das sich ein Investor fand – eine Seniorenwohnanlage –, scheiterte am Kommunalparlament. Die Monate vergingen, das Hotel stand ungenutzt herum und kostete jeden Monat Tausende. Gut zwei Jahre nach dem Kauf gab der Stadtrat die Hoffnung auf und beschloss: Das Symbol wird abgerissen.[1]

Für einen kurzen Moment war Delmenhorst noch einmal interessant. Allerdings wollte sich für jenen Augenblick im März 2009, als ein Spezialbagger vom Typ New Holland Kolbeco Longfront E 485 zum Abriss des »medienbekannten« Gebäudes anrückte, nur noch das Fachmagazin *Kran- & Hebetechnik* begeistern.[2] Die *Welt* indes wunderte sich über die »Schildbürger von Delmenhorst«, die aus Angst vor einem Neonazi erst zu einem horrenden Preis ein Hotel kauften, um es dann abzureißen.[3] Und im

Internet überboten sich Rechtsextreme mit hämischen Kommentaren über »das Groschengrab von Delmenhorst«: Die Delmenhorster »Gutmenschen«, so der Tenor, hätten sich »mal schön verarschen lassen« und mit ihrer Spendenkampagne Jürgen Rieger in die Hände gespielt.

Hier endet die öffentliche Geschichte des »Hotels am Stadtpark« in Delmenhorst. Was seither geschah, interessierte die Medien nicht mehr.

Eine rechteckige Wiese zwischen Rathaus, Katasteramt, Stadtpark und Festplatz, mehr ist nicht übrig von dem Hotel-Gelände. Man muss schon wissen, wo sich der berühmteste Flecken der Stadt befindet, sonst läuft man daran vorbei. Ein Hündchen pinkelt auf den jungen Rasen. Unscheinbar sieht der Ort jetzt aus. Friedlich. Irgendwann könnte auf der Brache ein »Atriumhaus« mit Eigentumswohnungen und Lofts für »höchste Nutzungsansprüche« stehen – das jedenfalls hat sich ein von der Stadt beauftragtes Architekturbüro ausgedacht.[4]

Es ist nicht schwer, Leute in Delmenhorst zu finden, die das für einen Skandal halten. »Wer hat das alles bezahlt?«, fragt eine ältere Dame, sie zeigt mit dem Einkaufsbeutel in der Hand auf die grüne Wiese. »Die kleinen Leute mit ihrem Geld! Und dann reißen die das einfach alles weg! Da läuft doch was schief in dieser Stadt!« Ein Ehepaar mit Walkingstöcken kommt vorbei, der Mann schimpft: »Auf Deutsch gesagt: Ich fühle mich verarscht!« Diese Aktion sei einfach »nicht zu Ende gedacht« gewesen. »Wir sind ja eine arme Arbeiterstadt. Die Leute hier haben nichts zu verschenken«, sagt eine andere Passantin. »Nein, in Delmenhorst wird wohl niemand mehr für so eine Geschichte spenden wollen.«

Nach dem Hotel-Abriss steckte in Hunderten Delmenhorster Briefkästen zum ersten Mal der *Delme-Bote*, ein achtseitiges Gratisblatt. Auf der Titelseite: ein Foto des entkernten, abrissreifen »Hotels am Stadtpark«. Der Leitartikel prangerte noch einmal den Umgang der Stadt mit dem Gebäude an. 3,4 Millionen Euro seien »leichtfertig verschleudert« worden, um den »angeblichen Kaufversuch« von Jürgen Rieger zu stoppen. »Fakt ist, dass 3,4 Millionen Euro (3 400 000 € !!!) in unserer Stadt eine wahrlich bessere Verwendung gefunden hätten als in einem Hotel, das nur kurz nach seinem Erwerb für weitere immense Kosten abgerissen wird und, ganz nebenbei, nur 1,33 Millionen Euro wert war. (...) Was macht man nicht alles, um den angeblich sauberen Ruf einer gar nicht so sauberen Stadt zu erhalten.« Die Abrechnung dürfte manchem in Delmenhorst aus der Seele gesprochen haben. Verantwortlich für den Text ist Florian Cordes, Jahrgang 1975 – ein Neonazi.

Der NPD-Mann feixt, wenn man ihn darauf anspricht: »Das konnten wir uns nicht verkneifen!« Der NPD in Delmenhorst habe nichts Besseres passieren können als diese Hotel-Affäre. »Die meisten Bürger hier halten die ganze Aktion ja inzwischen für einen Riesenwitz.« Er lacht hämisch. »Die Geschichte um das Hotel hat uns definitiv eine ganze Ecke vorangebracht.«

Florian Cordes, Dachdecker aus sozialdemokratischem Elternhaus, gilt beim Verfassungsschutz als einflussreicher rechtsextremer Kader, jung, smart, gut vernetzt, mit der Gabe, Jugendliche für braune Ideen zu begeistern.[5] Im Jahr nach dem Hotel-Verkauf zog er nach Delmenhorst und fing an, dort rechtsextreme Strukturen aufzubauen. Einfach so. Von der Mietwohnung aus. Ohne Drei-Sterne-»Schulungszentrum«.

Die Entwicklung findet auch das Landesamt für Verfassungsschutz in Hannover bemerkenswert. Delmenhorst sei zu einem »Aktivitätsschwerpunkt« der Neonazis in Niedersachsen geworden, sagt der Leiter der Abteilung Rechtsextremismus, Wolfgang Freter. Die NPD-Nachwuchsorganisation Junge Nationaldemokraten (JN) hat einen »Stützpunkt« in der Stadt gegründet. Unter dem Namen »Aktionsgruppe Delmenhorst« tritt eine Clique sogenannter Autonomer Nationalisten auf.[6] Kurzzeitig präsentierte sich im Internet außerdem eine Gruppe namens »Nationaler Widerstand Delmenhorst«.[7] Und auch der neue Regionalverband Weser-Ems der NPD-Frauenorganisation agiert von Delmenhorst aus.

Dass ausgerechnet die Rechtsextremen im *Delme-Boten* von Riegers Kaufversuch als einem »angeblichen« berichten, mag wie ein dreister Scherz klingen. Allerdings stellt heute auch der niedersächsische Verfassungsschutz offen jene millionenschweren Pläne in Frage, mit denen Rieger 2006 die Stadt in Aufregung versetzte. »Die Umstände erweckten Zweifel an einer ernsthaften Kaufabsicht«, sagt Wolfgang Freter. Das Hotel habe nicht in Riegers »Beuteschema« gepasst. Wie, fragt er, hätten die Rechtsextremen eine so große Hotelanlage die ganze Zeit nutzen wollen?

Und wieso hielten Rieger und Mergel ihre brisanten Pläne nicht geheim? Allerdings, sagt der Verfassungsschützer vorsichtig, habe der Fall damals – angeheizt durch Hunderte Medienberichte – eine unglaubliche »Eigendynamik« entwickelt: »Die Stadt sah sich deshalb wohl gezwungen, ein Zeichen gegen Rechts zu setzen.«

Zweifel an Riegers Kaufabsichten hatte es von Anfang an gegeben: Was, wenn der rechtsextreme Anwalt und der verschuldete Delmenhorster Hotelier kooperierten? Wenn der Neonazi sein Interesse nur vorgaukelte, um den Preis in die Höhe zu treiben, die Stadt zum Kauf zu nötigen und am Ende selbst eine Provision für die Folgen des Scheingeschäfts zu kassieren?

Delmenhorst war weder die erste noch die letzte Stadt, die vor der Frage stand, ob sie es mit einem Erpressungsversuch der rechtsextremen Szene zu tun hatte oder mit einem ernst zu nehmenden Kaufversuch. Mehrere Städte hatten bereits für viel Geld Schrottimmobilien erworben – aus Angst, es werde sonst ein Neonazi-»Schulungszentrum« darin eröffnet.[8]

Noch während in Delmenhorst die Spendenkampagne anlief, warnte andernorts der rheinland-pfälzische Innenminister, Karl Peter Bruch (SPD), öffentlich vor Tricksereien der Rechtsextremen: »Die NPD täuscht Immobiliengeschäfte mit notleidenden Geschäftsleuten vor, um auf diese Weise Geld zu schöpfen.« In der Tat warb die NPD in Thüringen ungeniert für solche Scheingeschäfte. Der NPD-Kreisverband Jena bot im Internet einen »Service« für Hausbesitzer an: Gegen Zahlung einer Parteispende werde die NPD öffentlich erklären, sie habe Interesse am Erwerb der Immobilie. Damit habe der Besitzer »beste Chancen«, sein Objekt »zu Höchstpreisen« an die Stadt zu verkaufen.[9]

Beim niedersächsischen Verfassungsschutz hält man sogar die Vokabel »Schulungszentrum« inzwischen für einen »Propagandabegriff«, den Rechtsextreme bewusst einsetzen, um die Medien auf sich aufmerksam zu machen, Angst zu schüren und Lokalpolitiker in Zugzwang zu bringen.

Das Problem ist allerdings: Auch die skeptischen Erklärungen des Verfassungsschutzes sind nur plausible Spekulationen. Jürgen Rieger hatte über die Jahre diverse Immobilien gekauft.[10] Ein Scheingeschäft mit skrupellosen Hausbesitzern konnte ihm nie bewiesen werden. Da dem Neonazi-Anwalt ein Millionenvermögen aus Nazi-Erbschaften nachgesagt wurde, hätte er sich das »Hotel am Stadtpark« vermutlich leisten können. Gewissheit, ob Rieger das Gebäude in Delmenhorst kaufen wollte, gibt es nicht. Auch der NPD-Mann selbst wird das Rätsel nicht mehr lösen, er starb im Oktober 2009 an einem Schlaganfall.

Zurück bleibt bei vielen Bürgern dennoch das schlechte Gefühl, sie könnten mit ihrem gutgemeinten Einsatz letztlich einem fanatischen Rassisten und Holocaustleugner gedient haben. Die Enttäuschung ist groß, die Schuldfrage offen.

»Undankbar, unfähig und böse« sei die Lokalpolitik mit dem Erbe der Bürgerkampagne umgegangen, poltert

Gerd Renker. Er war es, der sich 2006 die Delmenhorster Spendeninitiative für den Hotelkauf zusammen mit einem befreundeten Architekten ausgedacht hatte. Fünf Monate lang habe er seine Arbeit brachliegen lassen und sich ausschließlich dem Projekt gewidmet, erzählt der 63-Jährige. Man sieht Renker an: Er ist immer noch stolz darauf. Der Steuerberater zweifelt nicht am Sinn der Kampagne. In seiner Kanzlei pflegt er bis heute das Andenken an die große Zeit: Auf dem Empfangstisch liegt ein Buch, so dick und schwer wie ein Ziegelstein. Ein Unikat. Renker hat es selbst binden lassen. Der Band enthält zahllose Presseberichte über die Aktion und die Liste jener 5934 Menschen, die sich im Internet als Unterstützer der Initiative registrierten. Seiner Initiative. »Delmenhorst 2006. Eine Stadt wie eine Wand«, steht in goldener Prägung darauf. Diese Wand gibt es nicht mehr.

Wenn Renker an die Folgen der Kampagne denkt, an die Appartementanlage, die vielleicht demnächst auf dem Hotelgrundstück entstehen soll, wird er sauer. »Hallo? Habe ich mit meinem Einsatz jetzt die Grundlage geschaffen für betuchte Leute, die sich eine Luxuswohnung zulegen wollen? Da kommt mir die Galle hoch!« Renker holt tief Luft, dann legt er nach: »Wer für ein SOS-Kinderdorf spendet, erwirbt zwar auch kein Recht an einem afrikanischen Kind«, aber die Lokalpolitik sei der Bevölkerung wenigstens einen respektvollen Umgang mit dem Areal schuldig. Davon könne keine Rede sein. Der Oberbürgermeister habe die Leute nicht mal auf ein Bier eingeladen zum Dank. »Bürgerengagement«, sagt Renker, »wird in Delmenhorst kaum noch möglich sein.«

Rund 200 Meter von der Hotel-Brache entfernt sitzt Oberbürgermeister Patrick de la Lanne in seinem Büro im ersten Stock des Rathauses und weist die Vorwürfe von sich. »Das Geld für das Hotel war richtig investiert«, sagt er. »Es ist gut angelegtes Geld. Durch den Rückbau haben wir uns Zukunftschancen für eine positive städtebauliche Nutzung erarbeitet.« Er lächelt einnehmend. Die allermeisten Bürger sähen das Projekt nach wie vor positiv.

Der Jurist, 47 Jahre, internationale Karriere, ist ein korrekter Typ. Als er im Herbst 2006 sein Amt antrat, liefen die Proteste gegen die befürchtete »Nazi-Schule« bereits auf Hochtouren. Mehrere hunderttausend Euro lagen auf einem Spendenkonto bereit. Unvorstellbar, was passiert wäre, hätte der neue SPD-Oberbürgermeister als erste Amtshandlung den »Notkauf« abgeblasen und die Bank aufgefordert, alle Spenden an die Bürger zurückzuüberweisen. De la Lanne war sicherlich keiner, der einfach mal so mehrere Millionen für ein marodes Gebäude verschleudern wollte. Wochenlang bemühte er sich, Informationen über die Strategien und die Finanzen des Neonazis Jürgen Rieger aufzutreiben. Am Ende, sagt de la Lanne, sei er überzeugt gewesen: »In Delmenhorst ist die Bedrohung real. Uns bleibt keine andere Chance, als das Hotel zu kaufen.« Und die Rechtsextremen seien in Delmenhorst doch bis heute eine »komplett marginale Szene«. Bei der Bundestagswahl habe die NPD blamabel abgeschnitten.[11] »Wir haben alles richtig gemacht«, sagt er. Es klingt ganz selbstverständlich.

Gut möglich, dass der Oberbürgermeister das wirklich so sieht. Allerdings verblüfft er mit solchen Sätzen einige seiner früheren Verbündeten im Kampf gegen die »Nazi-Schule«. Etwa 20 von ihnen haben inzwischen eine Elterngruppe gegründet – aus Sorge um ihre Kinder, die in der Delmenhorster Antifa aktiv sind. Der Sohn eines der Mitglieder, ein Student, der anonym bleiben will, erzählt von nächtlichen Morddrohungen am Telefon, von Rechtsextremen, die nachts um das Haus seiner Eltern streunen, ihn durch die Delmenhorster Fußgängerzone jagen und Zeitungen auf seinen Namen abonnieren. Eine andere Familie fand an einem Oktobermorgen 2009 ihren Mercedes im Carport demoliert vor, Unbekannte hatten Farbe darübergekippt und die Scheiben zertrümmert. Im April 2010 versuchten Unbekannte, das Auto einer Mutter aus der Initiative »Eltern gegen Rechts« anzuzünden. Auch die Polizei vermutet, dass die Täter aus der rechtsextremen Szene kommen. Den Eltern macht das Angst. Familien haben ihre Namen vom Klingelschild genommen.

Man möchte es nicht glauben, wenn man die örtlichen Neonazi-Größen persönlich trifft. Wer sich mit Florian Cordes verabreden will, dem Mann, der die Szene in der Region wiederaufgebaut hat, kann ganz einfach im Geschäft seiner Frau anrufen. Sarina Cordes, 26 Jahre, eine Delmenhorsterin, betreibt ein Online-Antiquariat und handelt beim Internetauktionshaus Ebay mit Kinderspielzeug. Das Sortiment reicht von der Exilzeitschrift der deutschen Nationalsozialisten in Argentinien aus dem Jahr 1957 bis zu Wikingerflaggen fürs Kinderzimmer (»Ein Muss für jeden Nordmann«). Sie sitzt inzwischen als Beisitzerin im JN-Landesvorstand und leitet von Delmenhorst aus den Regionalverband Weser-Ems des Rings Nationaler Frauen, der NPD-Frauengruppe. Eine freundliche, umgängliche Person. Als Treffpunkt schlägt Sarina Cordes den gediegenen Ratskeller direkt am Marktplatz vor.

Zum Interview kommt sie nicht mit. Florian Cordes entschuldigt, das zwei Monate alte Baby sei verschnupft, seine Frau könne nicht weg. Er trägt schwarze Jeans und einen schwarzen Anorak über dem kurzärmligen Karohemd. Seine Haare sind weder auffällig gescheitelt noch besonders kurz. Er bestellt sich einen heißen Kakao. Nur seiner Frau zuliebe sei er aus dem 30 Kilometer entfernten Achim nach Delmenhorst gezogen, versichert Cordes. Mit dem Hotel habe das nichts zu tun.

Statt seiner Frau hat er den JN-Landesvorsitzenden Julian Monaco mitgebracht. Auch Monaco ist neu in Delmenhorst, der 19-Jährige leitet jetzt den »Stützpunkt« der NPD-Jugend in der Stadt. Manchmal klingt es, als sage er Texte aus einem Handbuch für Nachwuchskader auf. »Der Nationale Sozialismus ist dynamisch und anpassungsfähig an die heutige Zeit!« Oder: »Sie reden von Szene, wir von Bewegung!«

Florian Cordes erzählt am liebsten von den netten Seiten seiner Arbeit. »Wir wollen den Jugendlichen hier vernünftige Freizeitangebote machen – etwas anbieten, wo man nicht beim Flatrate-Saufen der Beste sein muss«, sagt er. »Wir spielen zusammen Fußball, unternehmen Ausflüge, Wanderungen und organisieren Zeltlager. Das läuft bei uns natürlich ohne Alkohol ab.« »Ohne Drogen aller Art«, ergänzt sein Begleiter. »Jugendkultur sollte ja nicht darauf abzielen, sich jedes Wochenende abzuschießen.« Man könnte meinen, da säßen zwei Messdiener.

Auch der Delmenhorster Polizei ist aufgefallen, dass sie es bei den Neonazis in der Stadt nicht mehr nur mit den »typischen Dumpfbacken« zu tun hat, wie es der Leiter der Staatsschutzabteilung, Stefan Brockschmidt, formuliert. Gymnasiasten seien dabei, erzählt er. Der Beamte schätzt die Clique auf gut 20 junge Leute, darunter viele Teenager, die in wechselnder Besetzung mal für die JN auftreten, mal für die »Autonomen Nationalisten«.

Dass die Szene nicht harmlos ist, sieht der Kommissariatsleiter schon an der Statistik. 2008 registrierte die Polizei doppelt so viele rechtsextreme Propagandadelikte wie im Vorjahr, die Zahl der Gewalttaten nahm deutlich zu.[12] Die »Aktionsgruppe Delmenhorst« wird im Verfassungsschutzbericht 2009 als eine von zwei »maßgeblichen« Organisationen der »Autonomen Nationalisten« in Niedersachsen bezeichnet.[13] Die Neonazis veranstalten Infostände in der Fußgängerzone, legen Kränze am Kriegerdenkmal ab. Sie verstreuen Papierschnipsel mit rechtsextremen Slogans vor Schulen, verteilen Handzettel, kleben Sticker an Verkehrsschilder und Laternenmasten, sprühen Parolen und Symbole an Hauswände. »Mit dem Ziel, Macht über den öffentlichen Raum zu erlangen, konzentrieren sich die Aktivitäten der AG Delmenhorst auf einen erlebnisorientierten ›Kampf um die Straße‹«, urteilt der Verfassungsschutz. Im Mittelpunkt stehe die Auseinandersetzung mit dem politischen Gegner.

Die Delmenhorster Polizei nennt die rechtsextreme Szene »gewaltgeneigt«. Der leitende Staatsschützer Brockschmidt sagt: »Wir sind uns der Gefahren bewusst. Wir nehmen das ernst.« Dann möchte der Kommissariatsleiter noch etwas anderes loswerden. Vor der Arbeit des Delmenhorster »Forums gegen Rechts« habe er ja wirklich größte Hochachtung. Aber man dürfe nicht darüber hinwegsehen, dass die »linke Szene« durch ihre teilweise rechtswidrigen Aktionen die Neonazis provoziere. Brockschmidt meint die Delmenhorster Antifa, deren Website eine schwarzvermummte Gestalt ziert und der Slogan: »Keine Homezone für Nazis! Delmenhorst – Niedersachsen – Deutschland – alles Scheiße!« Der Beamte spricht von »gegenseitigen Nickeligkeiten« und einer von der Antifa mit verursachten »Gewaltspirale«.[14] Auch die linken Jugendlichen dürften nicht einfach rechtswidrige »Outing«-Flugblätter über Rechtsextreme in deren Nachbarschaft verteilen. Was man bei der Delmenhorster Antifa als »zivilen Ungehorsam« sieht, ist für den Polizeimann schlicht Verleumdung und üble Nachrede. »Straftaten«, sagt er, »werden doch nicht dadurch richtig, dass sie gegen Rechts gehen.«

Solche Diskussionen haben den Gegnern des Nazi-»Schulungszentrums« in Delmenhorst gerade noch gefehlt. Auch die älteren Mitstreiter des »Forums gegen

Rechts« sind dankbar, dass sich ein paar linke Abiturien-
ten noch für Aktionen gegen die rechte Szene begeistern
lassen. Auf ihre Antifas lassen sie nichts kommen. Ein
Herr, der auch im Seniorenbeirat der Stadt sitzt, hat sogar
persönlich bei der Polizei vorgesprochen – damit diese
»friedlichen« jungen Leute nicht länger wie »Parallelna-
zis« behandelt werden, sagt er. Einige aus dem »Forum
gegen Rechts« klingen wehmütig, wenn sie bei Plätzchen
und Schonkaffee von jener Zeit erzählen, als sie noch um
das »Hotel am Stadtpark« kämpften. Was war das für eine
Stimmung damals in Delmenhorst! Wildfremde Leute
fielen sich auf der Straße in die Arme! Ihr Engagement
wurde in aller Welt bewundert! Und jetzt: Mäkelt selbst
die örtliche Polizei an ihnen herum.

Zur Bundestagswahl 2009 hatte das »Forum gegen
Rechts« hinter dem Rathaus wieder ein 27 Meter langes,
leuchtend gelbes Banner gehisst: »Kcine Nazis in unserer Stadt«, stand darauf. Es war von 2006 übrig. Damals
stimmte der Satz noch. Das neueste Bündnis gegen
Rechts in Delmenhorst aber musste sich ein anderes Ziel
setzen. Es lautet: »Nazis raus aus unserer Stadt«.

5 | HALBERSTADT
»Jugendtypische Verfehlungen«

»Weil ich dumm war.« Der Angeklagte sagt es im trägen, schwerverständlichen Nuscheldialekt der Region. Da fragt der Jugendrichter lieber noch einmal nach, halb erstaunt, halb in Richtung der Protokollantin: »Weil Sie *dumm waren?*« Der Richter ist ein routinierter Bürokrat. »Maximal zwei Stunden« hat er für die Verhandlung eingeplant. Was an diesem verregneten Herbsttag in Halberstadt vor dem Jugendschöffengericht verhandelt wird, ist für ihn nichts Neues. Der Lokalpresse war es nicht mal eine Kurzmeldung wert. In der Anklageschrift steht: »gefährliche Körperverletzung«.

Der 19-jährige Kai Brügger[1] schaut den Richter in geduckter Haltung an, ein bisschen so, als erwarte er jeden Moment einen Schlag auf den kahlrasierten Kopf. In seinem geröteten Gesicht sprießt ein pubertärer Flaum, sein Nacken wirft dicke Falten. Wenn ihn der Richter auffordert, doch bitte etwas deutlicher zu sprechen, wiederholt Brügger seine ohnehin knappen Sätze. Nicht deutlicher, aber etwas lauter. Immer wieder, wenn der Angeklagte im Laufe der Sitzung etwas sagt, muss der Richter nachha-

ken – auch zu der Frage, wie Brügger selbst seine Tat ein-
schätze: »*Nicht gut* finden Sie das? Aha.«

Kai Brügger ist der Polizei »einschlägig bekannt«. Be-
straft wurde er bisher aber nur wegen einer »Anstiftung
zum Diebstahl« und des »Verwendens verfassungswidriger Kennzeichen«, nie wegen einer Gewalttat. Vor dem
Gerichtsgebäude war Kai Brügger bereits von Freunden
erwartet worden. Einer von ihnen trug ein bierdeckelgro-
ßes Hakenkreuz-Tattoo am Hinterkopf, in der Hand eine
Flasche »Sternburg Export«. Morgens, halb zehn in Sachsen-Anhalt.

Auf die vorsichtige Frage des Richters, ob Brügger sich
selbst als »eher so rechts« verstehe, nuschelt er zustimmend: »Ich hab immer noch die Meinung.« Für die Ge-
richtsverhandlung hat er sich ein T-Shirt mit dem Auf-
druck »Zillertaler reloaded« angezogen, ein Fan-T-Shirt
einer Rechtsrockband.[2] Über seinem linken Handrücken
klebt ein breiter Streifen blaues Klebeband. Als ihn der
Nebenklagevertreter fragt, ob sich darunter womöglich
eine rechtsextreme Tätowierung befinde, antwortet Brügger: »Dazu sag ich nix.«

Schon bei der Vernehmung durch die Polizei hat Brügger die Körperverletzung, um die es heute geht, zugege-
ben. Auch als ihm vor Gericht die Anklageschrift vorge-
lesen wird, korrigiert er nur ein paar Details: »Der Rest
stimmt alles.«

Der »Rest« hört sich in der Beweisaufnahme so an:
Eigentlich hatten Brügger und ein Mittäter, dessen Namen der Angeklagte nicht nennen will, an einem Abend

im Frühsommer einen Freund besuchen wollen. Doch weil der nicht zu Hause gewesen sei, »ham wir gedacht, wir könnten nochmal auf die Straße«. Vor der »Zora«, einem stadtbekannten Treffpunkt der linksalternativen Szene, der in der Vergangenheit schon öfter Ziel rechtsextremer Übergriffe geworden war, entdeckten sie gegen 23 Uhr zwei Jugendliche, die gerade auf dem Heimweg waren. Noch im Vernehmungsprotokoll der Polizei hatte Brügger sie als »Zecken« bezeichnet.

Einer der beiden, Florian K., sitzt als Nebenkläger im Gericht. Der 15-jährige Schüler hat gefärbte Haare, die Ohren mit Sicherheitsnadeln durchstochen und sieht sich selbst als »Punk«. Seine Mutter verdreht kurz die Augen, wenn sie das hört.

Florian K. berichtet, wie Kai Brügger mit den Worten »Scheiß Zecken, ihr seid es nicht wert zu leben!« eine Bierflasche nach ihm warf, seinen Kopf dabei nur knapp verfehlte, ihn anschließend zu Boden gezerrt, mehrfach von hinten auf seinen Kopf geschlagen und irgendwann – keiner weiß mehr, warum – damit aufgehört habe. Der Richter fragt Brügger, ob er das Opfer auch getreten habe. »Nee, nur ein Mal«, sagt Kai Brügger. Der Tathergang klingt fast wie ein Text der »Zillertaler«, als deren Fan sich der Angeklagte im Gericht präsentiert. Zur Melodie von »Kreuzberger Nächte singt lang« singt die Band: »... plötzlich kommen zwei Zecken auf mich zu, / zwei Tritte in die Schnauze, dann ist Ruh. / Sie liegen da in ihrem eigenen Blut, / ich muss euch sagen, dieser Anblick tut mir gut.«

Florian K. wurde nicht schwer verletzt, der Schüler war

nicht mal beim Arzt – und wäre eigentlich, wie viele andere Opfer rechter Gewalt in Halberstadt, gar nicht zur Polizei gegangen, wenn ihm bei dem Übergriff nicht von Brüggers Mittäter auch noch sein Fahrrad gestohlen worden wäre. Erst als der Schüler auf dem Revier die Umstände des Diebstahls schilderte und Kai Brügger als Tatbeteiligten nannte, wurde die Polizei hellhörig und leitete von sich aus Ermittlungen wegen Körperverletzung ein. Noch am selben Tag wurde Brügger vernommen und gestand die Prügelattacke. Entschuldigen wollte er sich damals für seine Tat aber nicht bei den Opfern. »Hätten die doch sowieso nicht angenommen«, sagt er vor Gericht.

Jedes Jahr zählt der Verfassungsschutz rund tausend Gewalttaten mit rechtsextremem Hintergrund in der Bundesrepublik. Bezogen auf die Einwohnerzahl, liegt Sachsen-Anhalt bei den rechtsextrem motivierten Gewalttaten seit Jahren mit an der Spitze der Statistik. Wie überall sind es zum Großteil Körperverletzungen. Angriffe auf »Linksextremisten oder vermeintliche Linksextremisten« sind dabei neben »fremdenfeindlichen Gewalttaten« der Normalfall[3] – auch in Halberstadt.

Doch von den wenigsten erfährt die Öffentlichkeit überhaupt etwas. Für bundesweite Schlagzeilen aus Halberstadt sorgte zuletzt der rechtsextreme Überfall auf eine Theatergruppe im Sommer 2007. Nach der Premierenfeier einer Aufführung der »Rocky Horror Picture Show« waren einige Ensemblemitglieder, zum Teil noch kostümiert, an einem stadtbekannten Neonazi-Treff vorbeigelaufen, wo sie für »Punker« gehalten und anschließend krankenhausreif geprügelt wurden. Für Aufsehen sorgten jedoch nicht nur die brutale Tat, sondern auch die überforderte Polizei, schlampige Ermittlungen und schließlich ein für viele unbefriedigend mildes Urteil.[4] Vermutlich wäre der Fall nie in die überregionalen Medien gekommen, wenn der Angriff nicht Theaterleute, sondern tatsächlich Punks getroffen hätte.

So wie der Fall, der heute im Halberstädter Amtsgericht verhandelt wird. Nicht mal die Halberstädter *Volksstimme* hat einen Journalisten zu dem Termin geschickt. Was gäbe es auch zu berichten, das nicht schon alle wissen, die in Halberstadt leben.

Die 40 000-Einwohnerstadt liegt am Fuße des Harz, gut 30 Kilometer östlich der früheren deutsch-deutschen Grenze, 10 Prozent Arbeitslose. Anders als in den nahegelegenen Touristenzentren Quedlinburg und Wernigerode wurde die historische Halberstädter Innenstadt kurz vor Ende des Zweiten Weltkriegs bei einem Bombenangriff fast vollständig vernichtet. Ein Modell im Städtischen Museum dokumentiert das Ausmaß der Zerstörung. Die Reste der Altstadt rotteten zu DDR-Zeiten vor sich hin oder mussten sozialistischen Plattenbauten weichen. Übrig blieben ein paar inzwischen restaurierte niederdeutsche Fachwerk-Häuschen und die historische Straßenbahn, die »Halberstädter Bimmel«. Die Reisebusse machen ihre kurzen Zwischenstopps in Halberstadt aber vor allem wegen des imposanten gotischen Doms, der aussieht, als gehöre er gar nicht hierher. Und wenn sich der MDR für einen 30-minütigen Reisebericht nach Halberstadt verirrt, zeigt der Beitrag viele Großaufnahmen von Fachwerk-schnitzereien, wirkt aber merkwürdig menschenleer. Halberstädter zeigt er nicht.

Wer durch die Neubaustraßen der spärlich bevölkerten Innenstadt läuft, muss nicht lange warten, bis ihm junge Menschen entgegenkommen, denen man ihre rechte Gesinnung sofort ansieht. Dabei ist Halberstadt mitnichten eine NPD-Hochburg. Weil in der Stadt bei den letzten Kommunal- und Stadtratswahlen aber gerade mal jeder Dritte wählen ging, brachte es die NPD schon mit 277 Stimmen zu einem Sitz im Stadtrat. Eine große Rolle spielt sie nicht. Nur 2006 sorgte der NPD-Ortsverband mal bundesweit für ein paar Schlagzeilen, weil es ihm gelungen war, ein Konzert des Liedermachers Konstantin Wecker zu verhindern, das unter dem Motto »Nazis raus aus dieser Stadt!« hatte stattfinden sollen. Immerhin gibt es seit Dezember 2009 ein NPD-Bürgerbüro in Halberstadt, das mit Osterfest und Hartz-IV-Beratung um Sympathien für die Partei wirbt.

Die Halberstädter Polizei beobachtet »eine feste rechte Szene« in der Stadt. Außer von Gewalttätigkeiten rechter Täter berichtet sie gelegentlich auch von nächtlichen »Sieg Heil«-Rufen in der Innenstadt. Der Verfassungsschutz schätzt die Szene in Halberstadt als »unstrukturiert«, aber »gewaltbereit« ein[5] – mit gutem Grund: 2004 etwa jagten zwei 18- und 23-jährige Neonazis einen 24-jährigen »Punk« unter Rufen wie »Fahr das Schwein tot!« auf einem Feldweg mit dem Auto, schlugen ihm anschließend mit Eisenstangen auf den Kopf und riefen dabei »Los, bring den um!« und »Sieg Heil!«. 2007 beschimpften mehrere Jugendliche – die unter anderem bereits wegen des Verwendens verfassungswidriger Kennzeichen und Volksverhetzung verurteilt waren – zwei irakische Flüchtlinge als »Kanaken« und griffen sie anschließend mit einem »Totschläger« und einem Messer an. Im selben Jahr pöbelten eine junge Frau und zwei Männer eine 19-Jährige zunächst mit der Frage »Bist du links?« an, anschließend wurde das Opfer von ihnen geschlagen, getreten und sexuell belästigt. Die Aufzählung ist alles andere als vollständig.

Dass auch der Angriff des 19-jährigen Kai Brügger auf den alternativen Jugendlichen in die Gewaltstatistiken des Verfassungsschutzes einfließt, ist unwahrscheinlich. Zwar gelten seit 2001 offiziell alle Taten als »politisch motiviert«, sobald »die Umstände der Tat oder die Einstellung des Täters darauf schließen lassen, dass sie sich gegen eine Person aufgrund ihrer politischen Einstellung, Nationalität, Volkszugehörigkeit, Rasse, Hautfarbe, Religion, Weltanschauung, Herkunft, sexuellen Orientierung, Behinderung oder ihres äußeren Erscheinungsbildes bzw. ihres gesellschaftlichen Status richtet«.[6] Doch bei Brüggers Angriff auf die »Zecken« interessiert sich der Jugendrichter nicht für die rechtsextremen Motive. Die Tat nennt er in der Urteilsbegründung eine »jugendtypische Verfehlung«. Und »das rechtsextreme Gedankengut, das natürlich auch hinter dieser Tat steht«, ist für ihn schlicht »jugendtypisches Lagerdenken«.

Kai Brügger wird an diesem Donnerstag im Oktober schließlich zu 100 Stunden gemeinnütziger Arbeit, einem

Anti-Aggressions-Training und 400 Euro Schmerzensgeld verurteilt. Wäre der 19-Jährige nicht nach Jugend-, sondern Erwachsenenstrafrecht verurteilt worden, es hätten ihm sechs Monate Gefängnis gedroht.

Am Ende ermahnt der Richter den rechtskräftig Verurteilten, wie er es offenbar bei jugendlichen Straftätern gewohnt ist, dass er ihn nicht noch einmal auf der Anklagebank sehen möchte. Dann korrigiert er sich selbst: »... abgesehen natürlich von der anderen Tat, die hier demnächst verhandelt wird.«

Denn Kai Brügger hat noch einmal zugeschlagen. Wieder traf es einen 15-jährigen Schüler. Christopher S., in der linken Szene Halberstadts aktiv, trug im Frühsommer 2009 noch einen Irokesenhaarschnitt.

Die Verhandlung findet im Dezember, morgens um halb neun, im selben Gerichtssaal statt. Auch Richter, Staatsanwalt, Protokollantin sind dieselben. Der Angeklagte Brügger erscheint sogar im selben Outfit: schwarze Jogging-Hose, schwarzer Kapuzenpulli, die szenetypischen »New Balance«-Turnschuhe, das Tattoo auf dem Handrücken ist wieder großflächig abgeklebt. Nur sein »Zillertaler«-Shirt hat er diesmal gegen ein weniger auffälliges getauscht. Und statt Florian K. sitzt ihm dieses Mal als Nebenkläger Christopher S. mit seinem Rechtsanwalt gegenüber.[7] Christophers Anwalt ist, wie schon sein Kollege bei Brüggers vorangegangenem Prozess, für die Verhandlung aus Berlin angereist.

Die Anklage lautet dieses Mal: »Gefährliche Körperverletzung in zwei Fällen und Bedrohung«. Und die Jugendgerichtshelferin kann ihr Gutachten und ihre Sozialprognose vom letzten Mal weitgehend wiederverwenden. Viel hat sich schließlich nicht getan in Kai Brüggers Leben seit seinem letzten Gerichtstermin: Aufgewachsen bei seinen Großeltern, weil Brüggers Mutter mit ihm und seinen beiden jüngeren Geschwistern überfordert war, sei seine Erziehung »sehr schwierig, sehr problematisch« gewesen; nachdem die Großeltern starben, sei »eine Rückführung des Teenagers in die Familie nicht möglich« gewesen, weil es »zwischen Mutter und Sohn keine persönliche Bindung« gegeben habe. Brüggers schulische Entwicklung sei »ebenfalls schwierig« verlaufen. Abgang ohne Abschluss nach der 8. Klasse. Immerhin habe er im Sommer 2009 seinen Hauptschulabschluss nachgeholt und eine überbetriebliche Ausbildung als »Bauten- und Objektbeschichter« begonnen, die er – und das ist die einzige Neuigkeit im Gutachten – inzwischen jedoch wieder abgebrochen habe. Momentan werde sein Hartz-IV-Antrag bearbeitet.

Das Fazit der Jugendgerichtshelferin unterscheidet sich nicht von dem in Brüggers erstem Prozess: Obwohl volljährig, sei er gemäß Jugendstrafrecht zu behandeln, da er im Denken »sehr, sehr einfach strukturiert und gruppenbezogen« sei. Als der Nebenklageanwalt nachhakt und wissen will, was für eine »Gruppe« das denn eigentlich sei, die Kai Brügger präge, reagiert die Jugendgerichtshelferin genervt. Dass es Neonazis sind, in deren Gesellschaft der Angeklagte seine Tage verbringt, will sie nicht aussprechen. Sie schüttelt den Kopf und sagt patzig: »Die, die für ihn in dieser Situation wichtig sind.«

Einer von denen sitzt dieses Mal neben Kai Brügger auf der Anklagebank – kahlrasiert, aber im unauffälligen grauen Pulli und Karohemd: Thomas Erdmann[8], Spitzname »Sturmschritt«. Im Internet finden sich Fotos, die Brügger und Erdmann gemeinsam bei einem Neonazi-Aufmarsch in Dessau zeigen. Auf Fotos von anderen Neonazi-Demos sieht man den hageren 17-Jährigen, in der Hand ein Megaphon und auf dem Kopf dieselbe schwarze Kappe mit Buttons der »Autonomen Nationalisten«, die er auch im Gerichtssaal bei sich hat. Während der Verhandlung hält er sie unter der Anklagebank in den Händen, spielt an den Buttons herum.

Dem Gericht ist Erdmann kein Unbekannter, er war wegen Verwendung verfassungswidriger Kennzeichen und Körperverletzung bereits zweimal in Jugendarrest, zuletzt kurz vor jenem Übergriff, der den beiden heute vor Gericht vorgeworfen wird. Für Erheiterung im Publikum sorgt die Bemerkung seines Jugendgerichtshelfers, dass der Schulverweigerer Erdmann immerhin erfolgreich ein Praktikum absolviert habe – im »Ragnarök«, dem örtlichen Laden für Springerstiefel, schwarz-weiß-rote Fahnen, Ku-Klux-Klan-T-Shirts und andere in der rechten Szene beliebte Kleidung.[9]

Erdmann sitzt zurückgelehnt neben seinem Anwalt. Brügger hingegen ist ohne Rechtsbeistand erschienen, er wirkt ähnlich verloren wie beim letzten Mal. Auf die Frage des Richters, ob er sich in der Lage fühle, sich selbst zu verteidigen, zeigt Brügger auf den Verteidiger seines Kumpels: »Der ist doch schon Anwalt.« Schließlich lässt er sich überzeugen, dass ihm das Gericht besser auf die Schnelle noch eine Pflichtverteidigerin organisiert.

Denn den beiden jungen Männern wird in der Anklageschrift immerhin eine »das Leben gefährdende Behandlung« vorgeworfen. Der Staatsanwalt trägt vor, dass Brügger dem Opfer beim jährlichen Osterfeuer, einem öffentlichen Fest mit Wurfbuden und Getränkeständen auf dem Festplatz am Stadtrand, zunächst einige »Faustschläge« verpasst und ihm anschließend gedroht habe: »Wenn ich dich nochmal auf der Straße treffe, bring ich dich um.« Außerdem seien Christopher S. am selben Abend an anderer Stelle von Brügger und Erdmann durch »mehrere Fußtritte mit Straßenschuhen Hämatome, eine Platzwunde am Auge und eine Zahnverletzung beigebracht« worden. Die Taten wurden laut Staatsanwalt »ohne Anlass« begangen.

Das sieht Bianca F., die Mutter von Christopher S., anders. Die umtriebige, resolute Person mit wasserstoffblonder Ted-Frisur betreibt in der Altstadt einen Beauty-Salon. Ihr Sohn trug am Tatabend nicht nur eine punkige Frisur, sondern auch einen »Gegen Nazis«-Aufkleber auf dem Pulli. Bianca F. hat nicht vergessen, was ihr der stellvertretende Bürgermeister ins Gesicht sagte: Der Übergriff wäre ja nicht passiert, wenn Christopher am Osterfeuerabend »ein anderes T-Shirt getragen hätte«.

Die Mutter will sich nicht abfinden mit dem, was ihrem Sohn passierte – weil so was ja in Halberstadt »andauernd« geschehe, sagt sie. Der Überfall auf Christopher soll nicht verschwiegen werden, wie die meisten anderen in der Stadt. Sie hat die Geschichte deshalb immer wieder erzählt, der Polizei, der Lokalzeitung, einem regionalen TV-Sender und der »Mobilen Beratung für Opfer rechter Gewalt«[10]. Sogar beim Polizeipräsidenten hat sie mehrfach persönlich vorgesprochen.

Bianca F. war dabei, als Kai Brügger mit seinen Freunden über die Osterfeuerwiese streunte, ihren Sohn mit der Faust ins Gesicht schlug und drohte, ihn umzubringen. Sie ging dazwischen. Und als Brügger sich mit seinen Kumpels davonstehlen wollte, da machte sie kurzerhand mit ihrem Handy ein Erinnerungsfoto von ihm. Das Foto zeigt Kai Brügger, wie er in die Kamera lacht. Sein rundliches Gesicht ist gerötet, sein Blick heiter, vielleicht ein wenig trüb von zu viel Alkohol. »Ruhm & Ehre der deutschen Wehrmacht« steht auf seinem T-Shirt.

Die Rechten, erzählt die Mutter schmunzelnd, hätten ihren Schnappschuss bemerkt, Brügger forderte sie auf, das Foto zu löschen. »Okay«, habe sie geantwortet, »aber nur, wenn ich dafür ein neues Foto – von dir alleine – machen kann.« Die Mutter weiß bis heute nicht, warum sich der Schläger darauf einließ – um seine Freunde zu schützen, aus Eitelkeit oder nur aus Dummheit.

Bianca F. ist eine politische Frau, auch wenn sie sich selbst nicht politisch engagiert. Sie hält die zahllosen Übergriffe Rechtsextremer nicht für ein Jugendphänomen, berichtet von »Nazi-Eltern, die ihre Kinder bereits so erziehen« und Familien, in denen der Sohn »Adolf« heißt. Und sie ist stolz, dass nicht nur ihr Sohn, sondern auch ihre ältere Tochter in der linken Szene Halberstadts aktiv ist – auch wenn sie als Mutter jedes Mal besorgt sei, wenn die Kinder mal wieder unterwegs sind und dann spätabends das Telefon klingelt. Schließlich stand auch ihre Tochter bereits als Opfer rechter Gewalt vor Gericht. Die Gymnasiastin zieht sich, wie sie selbst sagt, inzwischen »lieber normal an« und geht außerhalb Halberstadts aus. Sie ist es leid, sich anpöbeln zu lassen wegen ihrer Gesichtspiercings, wegen ihres »linken« Kleidungsstils oder ihres Engagements gegen Rechts an der Schule.

Schlimmer noch als den Angriff auf ihren Sohn findet Bianca F. heute die Reaktion der anderen Osterfeuerbesucher. »Nix!«, sagt sie, hätten die gemacht, sondern sich alle verdrückt. Selbst die Feuerwehrleute hätten sich für nicht zuständig erklärt, als sich ihr Sohn hilfesuchend an sie wandte. Und die Polizei? Bianca F. macht eine hilflose Geste. In die habe sie »das Vertrauen verloren«, sagt sie. Schließlich hätten sich die Beamten am Tatabend erst dann um ihren Sohn gekümmert, nachdem er ein zweites Mal verprügelt worden war – obwohl eine Freundin von ihr die Polizei schon nach dem ersten Übergriff informiert habe.

Nach den öffentlichen Beschwerden der Mutter versprach die Polizei, künftig gebe es in Halberstadt »das bestbewachte Osterfeuer«. »Na, bravo!«, sagt Bianca F. bitter. »Dann geht doch keiner mehr hin – und es gibt wieder ein Fest weniger in Halberstadt!« Nur ändern werde sich nichts.

Vor Gericht interessiert das alles nicht. Bianca F. wird, obwohl als Zeugin geladen, nicht einmal gehört. Stattdessen verständigen sich Richter, Staatsanwalt und die Anwälte beider Seiten rasch auf ein sogenanntes »Rechtsgespräch«, einen »Deal«, um das Verfahren zu verkürzen. Und während sich die Juristen unter Ausschluss der Öffentlichkeit im Sitzungssaal besprechen, stehen Mutter und Sohn unweit der beiden Angeklagten auf dem Flur und warten. Sie verstehen nicht, warum sie als Betroffene beim »Rechtsgespräch« nicht dabei sein dürfen, und fürchten, was ihnen ihr Anwalt zuvor als einen möglichen Prozessausgang in Aussicht gestellt hat: dass beide Täter heute sogar ohne weitere Strafen das Gericht verlassen könnten.[11]

Dazu kommt es dann doch nicht. Hinter den Türen des Gerichtssaals haben sich die Juristen geeinigt, dass auf eine Beweisaufnahme mit Zeugenvernehmungen verzichtet wird, wenn die Angeklagten »die Tatvorwürfe vollumfänglich einräumen« und sich bei Christopher S. entschuldigen.

Also sagt Kai Brügger kurze Zeit später im Sitzungssaal des Halberstädter Amtsgerichts: »Ich weiß, dass es scheiße war, und will mich dafür entschuldigen.« Der Richter klingt nicht ganz zufrieden, er weist den Angeklagten an: »Sagen Sie das nicht mir, sagen Sie das dem Opfer!« Brügger schaut zum Opfer und wiederholt seine Worte. Ob er nicht vielleicht auch aufstehen wolle, schlägt ihm der Richter vor. Brügger schüttelt den Kopf, das möchte er wirklich nicht.

Sein Kumpel Erdmann wirkt da pragmatischer. »Tut mir leid, dass das vorgekommen ist und so weiter!«, sagt er, breitbeinig stehend, mit halbwegs deutlicher Stimme und setzt sich wieder hin. Das reicht dem Richter. Es ist schon fast halb zwölf, Zeit für die Plädoyers.

Der Staatsanwalt fasst sich kurz. Wichtig ist ihm, dass es die Angeklagten »in ihre Schädel kriegen, dass jeder Bürger das Recht hat, sich dort aufzuhalten, wo er sich aufhalten darf« und »eine andere Sichtweise« kein Grund für Gewalttätigkeiten sei. Und so bleibt es anschließend dem Nebenklageanwalt überlassen, das Gericht noch einmal auf die seiner Ansicht nach eindeutig »politische Motivation der Tat« hinzuweisen.

Brüggers eilig herbeitelefonierte Pflichtverteidigerin sieht das anders. Sie habe sich zwar nur »auf die Schnelle in die Sachakte einarbeiten« können, wie sie entschuldigend bemerkt, aber ihre Aufgabe erfüllt sie mit mütterlicher Strenge und beachtlichem Eifer. So wie es letztlich »egal« sei, ob es »zwei oder vier Fußtritte« waren, so sei es auch »nicht sachgerecht«, die Körperverletzung »auf politische Ziele zu reduzieren«, referiert sie. »Man trinkt, man ist lustig, man trifft auf Bekannte, dann wird der Stinkefinger gezeigt«, und zuletzt hätten die Angeklagten eben »ein paar draufgehauen«, sagt sie. Das alles sei doch »jugendtypisches Verhalten«. Und habe das Opfer vor Gericht während der Entschuldigung ihres Mandanten nicht gegrinst? Auch das sei doch eindeutig »jugendtypisch«.

Eine Auslegung, die auch der Richter nicht ganz abwegig findet. Zwar deutet er in seiner Urteilsbegründung das Lächeln des Opfers ausdrücklich als »Verlegenheit«, aber auch er stoße sich, wie er in einem »kleinen Exkurs« ausführt, immer ein wenig am Begriff »politisch motiviert«.

Man tue den beiden Angeklagten doch letztlich »zu viel der Ehre«, wenn man ihre Taten als »politisch motiviert« betrachte. Natürlich gebe es klare Anhaltspunkte, dass der Übergriff in der rechten Haltung der Angeklagten wurzele, aber zugleich auch »keine konkrete Feststellung« zum politischen Hintergrund in den Ermittlungen der Polizei – und damit nichts, worauf er eine Würdigung der Tat als »politisch motiviert« stützen könne. Sein Fazit: »So wichtig ist das hier nicht.«

Entscheidend für das Strafmaß sei ja die »Körperverletzung im öffentlichen Raum«. Und so verurteilt er Kai Brügger schließlich zu acht, Thomas Erdmann zu neun Monaten Jugendstrafe. Beide Freiheitsstrafen sind zwei Jahre zur Bewährung ausgesetzt. Außerdem muss Erdmann an einem Anti-Aggressions-Training teilnehmen und Brügger sich einer Einzelbetreuung durch einen örtlichen Bewährungshilfeverein unterziehen. Und wie schon beim letzten Prozess gegen Kai Brügger mahnt der Richter zum Abschied väterlich, er wolle die Angeklagten nicht wieder vor Gericht sehen.

Es ist inzwischen kurz nach 12 Uhr mittags, Kai Brügger verabschiedet sich vor dem Gerichtsgebäude freundschaftlich von seinem Mittäter und geht mit einem anderen Kumpel zu einem Billigsupermarkt in der Plattenbausiedlung auf der anderen Straßenseite, einem stadtbekannten Treffpunkt der rechtsextremen Szene, der passenderweise NP-Markt heißt. Wenig später steht Brügger wieder vorm Eingang des Discounters. Man kann ihn vom Gericht aus sehen: in der Hand ein Bier – 39 Cent der halbe Liter.

6 | NEUBRANDENBURG
Neonazis zum Anklicken

Wenn es stimmt, ist *Katzowpaule* 23 Jahre alt, knapp 1,80 Meter groß und rund 80 Kilo schwer. Seine Hobbys sind »Angeln, Motorradfahren und Autofahren, Feuerwehr, mein schatz und alles was noch so viel spaß im leben macht«. So jedenfalls hat es *Katzowpaule* über sich selbst ins Internet geschrieben. Seinen richtigen Namen hat er nicht angegeben. Aber das Foto, das er für seine virtuelle Selbstdarstellung gewählt hat, zeigt einen jungen Mann mit entblößtem Oberkörper, lässig umgehängtem E-Bass, Bier trinkend. Über sich selbst schreibt er: »alle sagen das ich ein rassist bin, naja«.

An seiner Gesinnung, naja, lässt *Katzowpaule* aber ohnehin wenig Zweifel. Über seine Vorlieben schreibt er in der Rubrik »Ich stehe auf ...«: »schwarz, zwischen morgen und mittags, weiss, NISSAN, 88gutemusik88, rot, die gute alte zeit (es steht eine kiste, dort am kamin), Zeckenfreie Wälder und zonen«.

Man muss sie vielleicht zweimal lesen, diese kryptische Auflistung, um die eingestreuten Reichsfarben Schwarz-Weiß-Rot darin zu entdecken. Man muss natürlich wissen, dass die Ziffer 8 in Neonazi-Kreisen für den achten Buchstaben im Alphabet und »88« (HH) also für »Heil Hitler« steht – und dass »Zecken« so ziemlich alles sein können: linke Gruppierungen, Punks, Anti-Rechts-Initiativen, Ausländer. *Katzowpaules* Satz mit der »Kiste, dort am Kamin« indes ist der Eingangsvers einer Rechtsrock-ballade, deren Refrain weit weniger harmlos klingt: »SS, SA – Germania / Der Traum vom Großdeutschen Reich und wie es einmal war. / Ein Volk stolz und einig, wir waren alle gleich. / Was zählte, war die Freiheit, die Heimat und das Reich!«[1] Gesungen klingt das nicht minder stumpf. Aber für *Katzowpaule* ist das vermutlich »88gutemusik88«.

Katzowpaule hat auch Fotos eingestellt: von sich beim Grillen mit Freunden, von sich im Bundeswehr-Tarn-anzug, in martialischen Posen, mit Hund, bei Trinkgelagen, von seiner Partnerin – barbusig auf einem Motorrad am Baggersee, in Reizwäsche auf dem heimischen Bett (»meine kleine geile sau mal ganz entspannt wenn ich fertig bin mit ihr«) oder schwanger. Sogar ein Ultraschallbild seines Kindes hat es in sein virtuelles Fotoalbum geschafft. So ist er halt, der *Katzowpaule*. Alle sagen, dass er ein Rassist sei. Naja.

Er wohnt, wie er es selber formuliert, »aufm Dorf«. Auch als virtuelle Heimstatt hat er sich nicht pulsierende Trendzentren wie Facebook, StudiVZ oder MySpace ausgesucht, sondern NB-Town[2], eine kleine Community mit Sitz in Neubrandenburg: rund 140 000 Nutzer, das sind nicht mehr als 0,5 Promille der Facebook-Community.

Laut Eigenwerbung ist NB-Town damit dennoch »DER Reichweitenmotor der Region« – und hat, genau wie die großen Vorbilder, ein Problem.

In den sozialen Netzwerken im Internet finden sich rechtsextreme Ansichten meist nur ein, zwei Klicks entfernt vom Meine-Hobbys-sind- und Geile-Party Content des Durchschnitt-Nutzers. In diesen Communities bleiben die Rechtsextremen weitgehend unbehelligt. Wer seine Reichskriegsflagge nicht vom Balkon flattern lassen mag oder darf, hängt sie halt an die Zimmerwand, fotografiert sich davor und lädt das Foto in sein Internetprofil. So ist *Katzowpaule* auch bei NB-Town bei weitem nicht der einzige bekennende Neonazi. Einer von *Katzowpaules* Online-«Freunden« zum Beispiel nennt sich *Marci84* (Selbsteinschätzung: »ich bin ich, einfühlsam und doch direkt«). Auch er weiß, wie er seine Ansichten kundtut, damit ihn zumindest seinesgleichen sofort versteht. Sein Motto hat *Marci84* aus einem Text der Rechtsrockband »Frontalkraft« geborgt: »Schwarz ist die Nacht, in der wir euch kriegen, weiß sind die Männer, die für Deutschland siegen, rot ist das Blut auf dem Asphalt.« Und auch *Marci84* zeigt in NB-Town Privatfotos: Landserbildchen, NS-Propaganda, Kumpelfotos vor Sonnenrad-Symbolen.[3] Für Bilder seiner kleinen Tochter hat er einen Extra-Ordner: »My Aryan Angel«. So heißt auch ein Song der 2006 verbotenen schwäbischen Rechtsrockband »Race War«.

Wer sich so durch die Profile der Freunde und Freundesfreunde von *Katzowpaule* klickt, verirrt sich leicht im Gewimmel der rechtsextremen Nutzer und Nutzerinnen, die ihre Überzeugungen mal mehr, mal weniger unverhohlen und mehr oder weniger anonym ins Netz stellen: *Fight_Zionism* etwa zeigt Fotos von Ausflügen des rechtsextremen »Heimatbund Pommern«; *_14_words*[4] zeigt Fotos von einer Kameradschaftsdemo im Aachener Land; *Pommern-Girl* zeigt ihre schwarz-weiß-rot lackierten Fingernägel und findet: »Braune haben bessere Laune«; Nutzerin *odin.mixed.cola.korn* trägt ein T-Shirt der Rechtsrockband »Division Germania«, ist »stolz dadrauf Deutsch zu sein!!!« und schmückt sich mit der in Deutschland verbotenen SS-Parole »Meine Ehre heißt Treue!!!!«; *herrmi_88* zeigt, wie er sich ein Porträt des Führers auf die Innenseite seines rechten Oberarms tätowieren lässt (ein echter Hingucker beim nächsten Hitlergruß); *Kraut85* ließ sich neben dem Grabstein von Anne Frank auf dem Gelände der Gedenkstätte Bergen-Belsen fotografieren, und seine Online-Freunde finden das Foto von »Anne Frankenstein« einfach nur »geil!!!!«. Die Codes und Anspielungen sind vielfältig. Bei NB-Town finden sie sich hundertfach. *JfG_Frei.Wild_20* (»JfG« steht für »Jungs fürs Grobe«, ein Rechtsrocksong) hat seinen Autotacho beim Kilometerstand »88888« fotografiert.

Und natürlich ist das alles bei NB-Town verboten.

In den Nutzungsbedingungen heißt es nicht nur »erst denken, dann schreiben«, sondern sogar ausdrücklich: »Keine Veröffentlichung oder Verbreitung von (...) rechtspropagandistischen (...) Inhalten jeglicher Form!« Und um keine Missverständnisse aufkommen zu lassen, wird »rechte Propaganda« auf NB-Town sogar genauer definiert: So zählen dazu die Nennung oder Abbildung von Rechtsrockbands, Parolen und rechten Szenemarken sowie die »Verherrlichung/Beschönigung der NS-Zeit, Wahlwerbung rechter Parteien, Symbole«.

Nur hält das offenbar niemanden von der Nennung, Abbildung und Verherrlichung/Beschönigung ab. Zudem ist nicht alles, was die rechten Nutzer in ihre Profile stellen, gleichermaßen leicht als »rechte Propaganda« zu erkennen – schon gar nicht auf den ersten Blick. Die sogenannten »Lobbys« bei NB-Town etwa, in denen sich Nutzer mit gleichen Interessen eintragen und austauschen können, sind zwar für *Katzowpaule* & Co. eine beliebte Möglichkeit, sich mit Gleichgesinnten zu vernetzen. Doch selbst die einschlägigsten Lobbys heißen nicht »Sieg Heil«, »Deutschland den Deutschen« oder »Wir sind Neonazis ... und stehen dazu«, sondern »Meinungsfreiheit«, »Artikel 5 Grundgesetz«, »Todesstrafe für Kinderschänder« oder »Für zeckenfreie Wälder und Orte«.

Oft zeigt erst ein Blick in die Mitgliederliste solcher Lobbys, welcher Geist sich hier zusammenfindet. So gibt es bei NB-Town beispielsweise ein gutes Dutzend Lobbys von bekennenden Bierliebhabern der Marke Hasseröder: vom »Hasseröder Fan Club« über die »Hasseröder Fan Crew« bis zur »Bruderschaft der Hasseröder« – und zwischendrin die Lobby »HaSSeröder ... unser Bier!«, der sich rund 50 Nutzer angeschlossen haben, die das Bier aus dem Harz offensichtlich vor allem wegen des runenhaften Doppel-S auf dem Flaschenetikett schätzen. Und wer weiß schon, was es mit dem »Gedenken an Michael Müller« auf sich hat?

Alex Zerling jedenfalls, der 27-jährige Gründer und Chef von NB-Town, schaut einen fragend an, wenn man ihm die »Gedenken an Michael Müller«-Lobby zeigt, die seit Monaten unbemerkt in seinem Portal steht. »Michael Müller?« Das sagt ihm nichts. Hinter den Kulissen von NB-Town bestimmen Beleidigungen und ausuferndes Gezänk unter Teenagern, Lehrer-»Hass«-Einträge und »geklaute« Fotos den administrativen Alltag. Muss Zerling da wissen, dass Michael Müller ein bundesweit bekannter rechtsextremer Liedermacher und Aktivist aus der bayerischen Oberpfalz war? Einer, der beispielsweise zur Melodie des Udo-Jürgens-Schlagers »Mit 66 Jahren« lieber sang: »Mit sechs Millionen Juden / da fängt der Spaß erst an.« Als »Kamerad Michael Müller« im Mai 2009 an Krebs starb, widmete die bayerische NPD dem »kreativen, offenen, vielseitigen und begabten Geist« einen Nachruf.

NB-Town-Chef Zerling ist kein Neonazi und kein Neonazisympathisant. Er trägt ein T-Shirt der Piratenpartei, wählt aber, wie er sagt, selbst »eher links oder grün«. Zerling schwärmt für Fernseh-Kabarettisten wie Volker Pispers, seine Baseballkappe hat er schief auf den Kopf gesetzt. Vor sechs Jahren hat er NB-Town als Hobby-Projekt gegründet. Und heute kann er – dank der Werbeeinnahmen, die er mit seiner Community erzielt – in einem kleinen, aber flotten, cremeweißen Neuwagen durch die neubrandenburgische Provinz fahren, wo er nach einem abgebrochenen Informatikstudium vorübergehend wieder bei seinen Eltern wohnt. Zerlings Community ist eine Art Internet-Ich-AG, aus Spaß zusammengebastelt, zum Laufen gebracht und, als sich damit plötzlich Geld verdienen ließ, am Laufen gehalten. Ein NB-Town-Büro gibt es nicht, ins Internet kommt er schließlich in jedem Café mit WLAN-Anschluss, auch in der Provinz. Zerling reicht dafür sein Notebook – und ein festangestellter Mitarbeiter, den er noch aus dem Studium kennt. Bei NB-Town nennen sich die beiden *Mr_Brusthaar* und *Mr_Eierkopp*.

Die Nutzer- und Zugriffszahlen von NB-Town steigen. Und damit wachsen auch die nach wie vor überschaubaren Gewinne. Das Geschäft läuft. Denn NB-Town ist, das sagt nicht nur Zerling selbst, ein wichtiger Treffpunkt für die 12- bis 30-Jährigen in der Region und im gesamten Nordosten Deutschlands geworden. Anders als in den Metropolen und Ballungsräumen ist es in ländlichen Gegenden nicht immer leicht, Leute mit gleichen Interessen zu finden, sich auszutauschen. Und anders als die großen Social Networks mit Abermillionen Usern, zahllosen Features und Funktionen wirkt NB-Town beinahe heimelig und überschaubar: Wer wie *Katzowpaule* »aufm Dorf« wohnt, sucht sein Glück nicht im *global village,* sondern lieber im Nachbarort oder in der Oberstadt. Und da kann ein NB-Town-Profil – dank der regionalen Ausrichtung des Portals mit Kleinanzeigen-Rubrik, Veranstaltungshinweisen, Chat und eigenen Web-TV-Beiträgen – deutlich hilfreicher sein.

Natürlich weiß Zerling um das Problem mit der rechtsextremen Klientel. Wenn er sich die »Gedenken an Michael Müller«-Lobby anschaut, wird ihm sofort klar: Er hat es auch hier mit einem virtuellen Versammlungsort der lästigen Rechtsextremen zu tun. Der Lobby-Gründer nennt sich *Recht_zu_hassen198*, benannt nach einem Rechtsrocksong. Und in der weit über hundert Namen langen Mitgliederliste finden sich Teilnehmer wie *dux et patria, weiSSer HaSS, odinssohn88, xXspringerstiefelXx.*

Aber muss ein Community-Betreiber auch ein Fachmann für Rechtsextremismus sein? Wie soll Zerling eine »HaSSeröder«-Lobby von einer »Hasseröder«-Lobby unterscheiden – mit welchem Argument die eine löschen und die andere nicht? Wer sich im Web 2.0, dem Mitmachnetz, als Webmaster zu viel einmischt, schadet der Community – und letztlich sich selbst. Zudem: Die Großbuchstaben in der »HaSSeröder«-Lobby könnten ein Tippfehler sein. So wie die »88« in manchem Nutzernamen kein verschlüsselter Neonazi-Code ist, sondern bloß ein Hinweis aufs Geburtsjahr, oder »Schwiegermutters Traum« keine Anspielung auf den gleichnamigen Rechtsrocksong[5].

Vielfach begnügen sich die rechtsextremen Nutzer schon mit dem öffentlichen Bekenntnis, der Pose, der potenziellen Vernetzung. Die Einladung zum nächsten Kameradschaftsabend, politische Überzeugungsarbeit, offensive Meinungsmache oder Missionierungsversuche findet man bei den rechtsextremen Nutzern ebenso selten wie konzertierten Aktionismus. Ihre Botschaften lauten: »92% der Jugend hört Hiphop! Wenn du auch zu den restlichen 8% gehörst, die noch richtige Musik hören, dann kopiere diesen Text auf dein Profil.« Ab und zu werben sie für rechtsextreme Internetseiten. Wer sich als NB-Town-Nutzer auf ihren Profilen umschaut, muss zuweilen nicht lange warten, bis ihm ein »Freundschaftsangebot« gemacht wird.

So entstehen Strukturen und Selbstbewusstsein. Mag sein, dass sich *Katzowpaule* daheim ein wenig einsam fühlt mit seinem Musikgeschmack, seiner politischen Haltung, seinem »Hass« – bei NB-Town hat er viele Freunde. Hier ist er Teil einer kaum überschaubaren Gesinnungsgemeinschaft; gesellschaftliche Ächtung muss er ebenso wenig erwarten wie Widerspruch. Und seiner selbstbewussten Eigeninszenierung ist die Gewissheit anzusehen, dass er sich unter Gleichgesinnten präsentiert – und damit kaum auffällt. Wie die »Michael Müller«-Lobby, die offenbar ebenfalls weder andere Nutzer noch die Betreiber bei NB-Town interessiert.

Dabei hat Zerling sogar eine »User verpfeifen«-Funktion eingebaut. Wer darauf klickt, kann Zerling Profile und Inhalte melden, die gegen die Nutzungsbedingungen verstoßen.

Eine Idee, auf die Zerling nicht ganz von selbst gekommen ist. Im Frühjahr 2008 gab es für ihn wegen *Katzowpaule* & Co Ärger. »Irgendjemand, der NB-Town nicht leiden konnte«, erinnert sich Zerling, habe sich beim Präventionsrat der Stadt Neubrandenburg beschwert. Wenig später sei dann, ohne dass irgendwer Rücksprache mit ihm gehalten habe, nicht nur der Oberbürgermeister, sondern auch die Presse informiert worden. In der örtlichen Tageszeitung hieß es daraufhin: »Die Internetplattform NB-Town muss seit kurzem ohne die Werbung städtischer Gesellschaften auskommen. Das Rathaus bestätigte eine *Nordkurier*-Information, wonach Oberbürgermeister Paul Krüger (CDU) kommunale Unternehmen wie Stadtwerke und Neuwoges aufgefordert habe, ihre Werbung auf den Seiten der Community einzustellen.« Der Grund: Die Staatsanwaltschaft überprüfe NB-Town »auf strafbare Inhalte«, genauer gesagt, »Verstöße gegen den Kinder- und Jugendschutz, Gewaltverherrlichung und das Verwenden verfassungsfeindlicher Symbole«.

Im Nachhinein gesteht Zerling ein, er habe die Probleme, die die stetig wachsende Community mit sich brachte, »vielleicht ein bisschen verschlafen«. NB-Town sei »plötzlich unüberschaubar« geworden. In der Auseinandersetzung mit der Stadt ist für ihn zwar letztlich alles gutgegangen, auf den Präventionsrat ist er trotzdem nicht gut zu sprechen. Schon deshalb nicht, weil sich dessen Fachkenntnis beim Thema Internet in Grenzen hielt. So habe man ihm vonseiten der Stadt mit Abschaltung seiner Community gedroht, erzählt Zerling und lacht: Ein bisschen kenne er sich schon aus, was seine Rechte und Pflichten als Community-Betreiber angehe.

Er weiß: Mit seiner Entscheidung, NB-Town in Deutschland und mit deutscher Domain zu betreiben, gelten für sein Unternehmen die deutschen Gesetze. Also natürlich auch Artikel 5 des Grundgesetzes, auf den sich auch die Rechtsextremen so gern berufen. Wer seine Meinung äußern will, muss das in einer Social Community ungehindert tun dürfen. Andererseits hat die Meinungsfreiheit auch bei Angeboten wie NB-Town Grenzen: Es sind die Nutzungsbedingungen der Community ebenso wie die »Vorschriften der allgemeinen Gesetze«, die gesetzlichen Bestimmungen zum Schutz der Jugend und das »Recht der persönlichen Ehre«, wie es im Absatz 2 des Grundgesetz-Artikels 5 heißt.

Allerdings ist die Frage der Haftung eines Foren-, Blog- oder Community-Betreibers für nutzergenerierte Inhalte in Deutschland nach wie vor nicht klar beantwortet. Vieles spricht dafür, dass ihm nicht abverlangt werden kann, jeden Beitrag eines Nutzers bereits vor der Veröffentlichung zu prüfen. Erst bei »Kenntniserlangung von unzulässigen Inhalten« sehen einschlägige Urteile etwa des BGH den Betreiber in der Pflicht.[6] Das weiß auch Alex Zerling. Er löscht oder sperrt umgehend, sobald er auf illegale, strafrechtlich relevante oder anstößige Profile, Lobbys, Äußerungen und Bilder aufmerksam wird. Egal, wie er davon erfährt, ob durch Zufall, durch Selbstkontrolle, durch Hinweise von Nutzern – oder durch öffentliche Kritik.

Wie groß der Imageschaden sein kann, den Rechtsextreme in der Community anrichten, bekam ein Jahr nach NB-Town auch Facebook, der größte der großen Brüder des kleinen Regionalportals, zu spüren. Während es die Aufregung um rechte Nutzer in Zerlings Community gerade mal in die Lokalpresse geschafft hatte, sorgte Facebook mit seinen 200 Millionen Mitgliedern im Frühjahr 2009 weltweit für negative Schlagzeilen. Das Weblog Boocompany hatte unter dem Titel »Nazisumpf Facebook« eine lange Liste mit Facebook-Seiten veröffentlicht, die, so der Blogger, »noch sehr vorsichtig formuliert, mit meinem Verständnis von freier Meinungsäußerung nicht in Einklang zu bringen sind«. Gemeint waren Gruppen wie »Meine Ehre Heißt Treue«, »Rudolf Hess – dein Glaube war stärker als Kerker und Schmerzen!«, »Greatest Leader of ALL Time: Adolf Hitler« oder »HOLOCAUST DENIERS OF THE WORLD UNITE!!«. Boocompany forderte die Facebook-Betreiber zur Löschung der Inhalte auf und drohte sogar mit einer Anzeige wegen Volksverhetzung, des Verbreitens von Propagandamitteln und der Verwendung von Kennzeichen verfassungswidriger Organisationen. Als das Thema »rechtsextreme Einträge bei Facebook« anschließend von Nachrichtenagenturen aufgegriffen und verbreitet wurde, reagierte Facebook umgehend, aber halbherzig. Die angeprangerten Einträge waren über Nacht aus Facebook verschwunden. Zu einer Stellungnahme war das im kalifornischen Silicon Valley ansässige Unternehmen dennoch nicht bereit. Auch dann nicht, als im Strudel der Skandalisierung zahlreiche Werbekunden – Telekom, O2, McDonald's, die SPD – ihre Kampagnen auf Facebook stoppten, weil sie, wie eine Telekom-Sprecherin sagte, »neben rechtsradikalen, Hitler verherrlichenden Seiten erschienen« waren.

Selbst nach den öffentlichen Angriffen und den Anzeigenstornierungen zeigt sich Facebook gegenüber rechtsextremen Inhalten weit weniger eindeutig als NB-Town. In den Nutzungsbedingungen heißt es nur allgemein, dass sich die Nutzer verpflichten, keine Inhalte zu veröffentlichen, »die verabscheuungswürdig, bedrohlich oder pornografisch sind oder Nacktheit sowie Gewalt enthalten«, und keine »rechtswidrigen, irreführenden, bösartigen oder diskriminierenden Handlungen durchzuführen«. Und zur öffentlichen Holocaust-Leugnung auf Facebook (die zwar in 13 Ländern, nicht aber im Facebook-Mutterland USA strafbar ist) sagte eine Sprecherin dem US-Nachrichtensender CNN, auf der Community-Plattform sollten die Nutzer »jegliches Gedankengut diskutieren können – auch umstrittenes«.

Und so finden sich bei Facebook nach wie vor zahllose rechtsextreme Inhalte – eingestellt jedoch vor allem von Nutzern aus den USA, der Schweiz und skandinavischen Ländern, wo viele politische Meinungsäußerungen unbeanstandet bleiben, die in Deutschland verboten sind.

Zwar sperrt Facebook, ebenso wie die Videoplattform Youtube und andere internationale Communities, bestimmte Inhalte entsprechend der deutschen Rechtslage, darunter auch rechtsextreme Profile. Ob, wann und warum aber ein von Nutzern beanstandeter Inhalt gesperrt wird, bleibt häufig offen. Zudem lassen sich nationale Sperren selbst für Laien leicht umgehen.

Auch in den großen, deutschen Communities muss man nach »88«-Grüßen, einschlägigen Profilen und Gruppen nicht lange suchen. Ein »Gedenken an Michael Müller« beispielsweise findet sich fast überall, ebenso wie Sonnenräder, Reichskriegsflaggen und unzählige Verweise auf zum Teil indizierte Rechtsrocksongs und -gruppen.

Die Wer-kennt-wen-Community von RTL oder das Internetportal Jappy unterscheiden sich da nicht vom Studi-/Schüler-/MeinVZ-Imperium der Holtzbrinck-Gruppe, dem deutschen Marktführer. Dort heißt es sogar ausdrücklich, eine »proaktive Kontrolle der Inhalte« sei bei »dem enorm hohen Datenaufkommen (...) leider nicht möglich und gesetzlich auch nicht vorgeschrieben. Die Inhalte werden also nicht explizit gesichtet.« Und weiter: »Wir setzen vor allem auf die Aufklärung der Nutzer.« Bei Lokalisten.de wiederum sorgt angeblich ein »großes Support-Team« dafür, »dass die Plattform ›sauber‹ bleibt«. Tatsächlich aber steht das Nutzernetzwerk der ProSiebenSat1 Media AG bezüglich der dort eingestellten rechtsextremen Inhalte NB-Town in nichts nach.

Und das, obwohl die Betreiber der größeren Communities eigentlich das Geld für eine ehrgeizigere Kontrolle der Inhalte hätten. Die Frage des Umgangs mit weltanschaulich anstößigen Inhalten ist für die Unternehmensvorstände also ganz offensichtlich keine moralische, sondern vor allem eine juristische und wirtschaftliche.

Staatliche Stellen sind völlig überfordert mit der Kontrolle der rasant wachsenden virtuellen Selbstdarstellungswelten. Jugendschutz.net, eine 1997 von den Bundesländern gegründete Kontrollinstanz für das Internet, geht systematisch Hinweisen auf »illegale, jugendgefährdende oder entwicklungsbeeinträchtigende« Inhalte nach, informiert die Anbieter im In- und Ausland über die Verstöße und bittet sie, »die Inhalte so zu verändern, dass sie den Bestimmungen des Jugendschutzes genügen«. Im Internet appelliert Jugendschutz.net mit anbiedernden Videos an junge Nutzer: »Du kannst etwas tun. Wir unterstützen Dich dabei.« Außerdem verteilt die Stelle Broschüren mit Titeln wie »Klickt's? Geh Nazis nicht ins Netz!«, darin Handlungsvorschläge von Teenagern für Teenager.

Womöglich ist das zielgruppengerecht. Die Jahresbilanzen von Jugendschutz.net belegen aber: Mit dem Internet wächst auch die Masse rechtsextremer Inhalte. »Seit dem Start von Jugendschutz.net hat sich das Problem nicht verflüchtigt, sondern potenziert«, sagt Stefan Glaser, der Rechtsextremismus-Beauftragte von Jugendschutz.net.

Und so wirkt vieles bei Jugendschutz.net wie gutgemeinte Sisyphusarbeit. Ein Vorwurf, den Glaser so nicht stehenlassen will: »Natürlich laufen wir den Rechtsextremen meist nur hinterher. Die Frage ist: Wer verliert schneller den Atem? Wir sind es nicht.«

Das würde auch die Gegenseite behaupten. Die hat längst eigene rechtsextreme Online-Communities gegründet – von der Videoplattform WNtube bis zum Online-Lexikon Metapedia. In rechtsextremen Dating-Börsen sucht nicht nur WOLFgang1488 seine 1whiteANGEL4, hier werben die Kameraden auch für den nächsten Aufmarsch und verabreden sich zu Fahrgemeinschaften. Und Jugendschutz.net kann sich seine höflichen Hinweise und Bitten sparen.

Inzwischen nutzen die Rechtsextremen ganz selbstverständlich alle Spielarten des Web 2.0 – und profitieren mitunter sogar von der öffentlichen Aufregung. Zum Todestag des Hitler-Stellverteters Rudolf Heß beispielsweise sorgte ein über den Mikrobloggingdienst Twitter verbreiteter anonymer Aufruf für großen medialen Wirbel. Unter dem Label »Hessmob09« wurde für spontane Mahnwachen in über 100 deutschen Städten geworben. Nachrichtenagenturen griffen das Thema auf und verbreiteten den Aufruf auf diese Weise bundesweit, die Agentur AFP sogar unter der munteren Überschrift: »Hippe Auftritte mit rechter Botschaft«.

Da war es aus Sicht der rechtsextremen Initiatoren gar nicht mehr schlimm, dass viele der befürchteten Blitzdemos ausfielen oder von der Polizei verhindert wurden. Die Macher waren zufrieden. Das von ihnen angestrebte Ergebnis der Aktion sei »insgesamt noch übertroffen worden«, notierten sie in einer Nachbetrachtung. Es sei für den Erfolg der Kampagne »nahezu unerheblich«, ob sich überhaupt irgendwer auf der Straße zeigte: Allein die Ankündigung der Kampagne sei das Mittel, »um das Thema ›Heß‹ in die Medien zu transportieren«. Es sei gelungen, »die Massenmedien zu instrumentalisieren«. Und in der Tat: »Flashmob – Twitter – Nazis« war nicht nur für viele Blogger und Internetaktivisten, sondern auch für zahlreiche Journalisten ein unwiderstehlicher Dreiklang.

Nach Ansicht des Bundesamtes für Verfassungsschutz ist das Internet »für Rechtsextremisten eine bedeutende Plattform zur Verbreitung ihrer Ideologie, Mobilisierung der Anhänger und Werbung neuer Sympathisanten«.[7] Da würden auch die Rechtsextremen nicht widersprechen. »Wir können nicht jeden persönlich ansprechen; das unzensierte Internet ist unsere Waffe«, kommentierten die Jungen Nationalisten Chemnitz die Heß-Kampagne.

NB-Town-Gründer Alex Zerling weiß, dass auch sein Zwei-Mann-Unternehmen letztlich ein unfreiwilliger Dienstleister für Rechtsextreme ist. Die rechtsextremen Nutzer sind ihm nicht egal. Er hätte selbst lieber ein nazi-freies NB-Town. Gemeinsam mit seinem Kompagnon löscht und sperrt der 27-Jährige, so gut es geht, kooperiert manchmal sogar mit den Sicherheitsbehörden. »Mehr«, sagt Zerling, »können wir nicht machen.«

Selbst ihren eigenen Ansprüchen können die NB-Town-Betreiber kaum genügen. Wer einen »User verpfeifen« will, erhält den Hinweis: »Wir werden derzeit mit Meldungen überschwemmt, denen wir nicht nachgehen können! (...) Bitte nur Dinge melden, die sich nicht mit gesundem Menschenverstand und/oder der Ignore-Funktion lösen lassen. Danke.«

Damit kann auch *Katzowpaule* gut leben. Zwar wurde ihm eines Tages sein Profil gesperrt, und auch sein Freund *Marci84* war plötzlich verschwunden. Doch wenig später war *Katzowpaule* als *14wotan88* wieder da – mit demselben Profil, denselben Fotos. So ging es weiter. Nach erneuter Sperrung nannte er sich *pullermatz85*, dann *Thorbenspapa*, *ODINS_KRIEGER1985*, *GangBangFreund* und *Odins_Sohn1985*, schließlich tauchte er unter dem vielsagenden Namen *20cm_5cm* wieder auf. Längst hat er sich auch bei anderen Communities (Sky Sexy, Mein VZ) angemeldet und sein NB-Town-Profil überarbeitet, der »rassist« fehlt, und den »koffer, dort am kamin« sucht man

bei ihm jetzt auch vergeblich. Doch sein entblößter Oberkörper ziert noch immer sein Profil, und in seiner Foto-
galerie zeigt er nach wie vor stolz seine reichsadlerartige
Tätowierung und sich selbst im Tarnanzug. Statt »88gute
musik88« hört er jetzt »gute musik«, steht auf »Dt. Frauen,
Dt. Bier«, ist »voll normal« und hat – statt *Marci84* – nun
Marcel84 zum Freund.

7 | KÖLN

»Ich kaufe schon seit Jahren nichts mehr bei Moslems«

Im Grunde ist alles ganz einfach. Der Islam ist gefährlich. Der Islam ist keine Religion, sondern eine Weltanschauung. Moslems bekommen mehr Kinder als Westeuropäer. Politik und Medien wollen das nicht wahrhaben. Und in zehn, zwanzig oder fünfzig Jahren werden die Moslems in Deutschland die Mehrheit stellen.

Darin sind sich die ungefähr 30 Menschen einig, die sich an einem Novembernachmittag auf einem Bürgersteig in Bonn-Bad Godesberg versammelt haben. Auf der gegenüberliegenden Straßenseite parkt ein Streifenwagen der Polizei, direkt neben dem Eingang einer kleinen Hinterhofmoschee. Dort hatte sich für diesen Nachmittag ein umstrittener Nachwuchsprediger angekündigt. Und seinetwegen steht das kleine Grüppchen auf dem Bürgersteig, hat Israelfahnen mitgebracht, Plakate und ein großes Transparent. »Stoppt die Islamisierung Europas!« ist darauf in roten Lettern zu lesen. Und darunter eine kryptische Internetadresse: www.pi-news.net

Das Kürzel »PI« steht für »Politically Incorrect«, ein Internetjournal. Und direkt hinter dem PI-Transparent steht auf dem Bad Godesberger Bürgersteig ein dunkelblonder, großgewachsener Mann: Stefan Herre. Er hat »Politically Incorrect« 2004 gegründet und ist längst eine der Leitfiguren der deutschen Islam-Gegner, einer illustren, politisch unübersichtlichen Szene, die bis in rechtsextreme Kreise reicht. Die von Herre gegründete Website ist ihr Leitmedium.

Deshalb hat den 44-Jährigen sogar schon der TV-Sender RTL in seiner Wohnung in Bergisch-Gladbach bei Köln besucht und fürs Regionalmagazin im Dachgeschoss vor dem Computer gefilmt. Inzwischen aber ist Stefan Herre vorsichtiger geworden und trifft Journalisten lieber – zwischen Rentnern und Touristen – in einem Café am Kölner Dom.

Herre ist ein zurückhaltender, höflicher Mensch, drahtig, Langstreckenläufer, gelernter Sportlehrer, Familienvater. Was er sagt, wirkt, wenn er es sagt, fast harmlos: »Fakt ist«, sagt er zwei Tage nach der Bad Godesberger Demo, »dass auch sogenannte gemäßigte Moslems in den letzten Jahren immer religiöser, immer gläubiger geworden sind. Und je gläubiger ein Moslem wird, umso gefährlicher wird er auch, weil er das, was er in der Moschee vom Imam vorgepredigt bekommt, auch in die Tat umsetzen will. Deswegen kann man auch nicht sagen: Ach, die ganzen Moslems, die hier wohnen, sind ungefährlich. Meines Erachtens sind das tickende Zeitbomben.«

Wer den Koran gelesen habe und kenne, sagt Herre (und gibt zu, ihn selbst »nur teilweise« gelesen zu haben),

»der weiß, dass der Islam keine ungefährliche Angelegen-
heit ist. 99 Prozent aller Terrorakte in den vergangenen
Jahren wurden durch Moslems verübt – unter Berufung
auf den Koran, um letztendlich auch bei den 72 Jungfrauen[1] zu landen.« Außerdem komme im Koran allein
das Wort *Gewalt* 200-mal vor. Zwischen *Islam* und *Islamismus* mag Herre keinen Unterschied machen: »Wir«, sagt
er, »sehen den Islam nicht in erster Linie als Religion,
sondern als politische Ideologie.« Herre sagt gerne »wir«.
Viele Moslems nähmen den Koran wörtlich und setzten
ihn in die Tat um. »Das ist gefährlich.« Für die Demo in
Bad Godesberg habe ihm ein Mitstreiter deshalb sogar
eine schusssichere Weste angeboten.

Über die kleine Protestveranstaltung vor der Moschee
findet sich natürlich auch ein ausführlicher Beitrag samt
Fotos und Videos auf »Politically Incorrect«. Im Internet
ist der Veranstaltung eine Resonanz sicher, die die tat-
sächliche Teilnehmerzahl der Demo um das mehr als
Tausendfache übersteigt. Die Internetseite verzeichnet
Tag für Tag knapp 50 000 Besuche. Das sind deutlich
mehr als bei den Web-Auftritten von Lokalzeitungen
wie der *Münchner Abendzeitung* oder dem *Bonner General-
anzeiger*.[2] PI gehört damit zu den besucherstärksten Web-
logs in Deutschland, nennt sich selbstbewusst »Deutschlands größter politischer Blog«, was womöglich sogar
stimmt. Und längst liest auch der Verfassungsschutz
mit[3], wenn Herre und andere Laienautoren nahezu
stündlich neue Beiträge veröffentlichen, allesamt mei-
nungsstarke Stücke zum öffentlichen Diskurs über den

Islam – mit dem immer gleichen Tenor: Der Islam ist gefährlich.

Häufig wird das, was die PI-Macher schlicht »Information und Aufklärung« nennen, bewusst naiv formuliert. So heißt es dann etwa: »Es scheinen alle Angst vor einem Anschlag zu haben. Woher das wohl kommt? Mit dem Islam kann es ja nichts zu tun haben.«[4] Doch weil das den PI-Machern über die Jahre viele Fans, aber auch reichlich Kritik beschert hat, taucht Stefan Herre mit seinem Namen inzwischen nicht mehr als Verantwortlicher auf der Seite auf. Stattdessen wird alles, was auf PI zu lesen ist, auf einem Server im Ausland veröffentlicht, anonym und ungeniert. Fragt man Herre nach eventuellen Geldgebern, macht er einen Witz: »Der Mossad und die CIA.« Tatsächlich aber decke PI aus Spenden und Bannerwerbung nur seine Unkosten. Er selbst habe »ein geregeltes Einkommen«. Mehr will er nicht sagen und verweist auf persönliche Drohungen, die irgendwann überhandgenommen hätten, weil er »zu sehr im Fokus stand«. Damit begründet Herre auch den Rückzug von PI in die Anonymität. Nicht zuletzt entzieht sich PI dadurch aber auch eventuellen Abmahnungen und Klagen wegen begangener Urheber- oder Persönlichkeitsrechtsverletzungen und erschwert Ermittlungsbehörden im Zweifelsfall den Zugriff.

Mit seiner Islamkritik kann sich »Politically Incorrect« einer breiten Zustimmung in der Bevölkerung sicher sein. Spätestens seit der damalige Bundesbank-Vorstand Thilo Sarrazin mit seinem Bestseller »Deutschland schafft sich ab«[5] im Sommer 2010 das Thema in die Schlagzeilen und Talkshows brachte, wird das niemand mehr bestreiten. Dass es dieses Potenzial gibt, ist eigentlich lange bekannt. Umfragen zufolge ist beispielsweise eine relative Mehrheit von 42 Prozent einverstanden mit der Aussage: »Es leben ja so viele Moslems bei uns in Deutschland. Manchmal habe ich direkt Angst, ob darunter nicht auch viele Terroristen sind.«[6] Islamophobie ist hierzulande kein Außenseiterphänomen. Obwohl die vier Millionen Moslems in Deutschland gerade mal fünf Prozent der Bevölkerung ausmachen, war 2009 fast jeder Zweite der Ansicht, das seien »zu viele«. Fast 40 Prozent fühlten sich dadurch sogar »manchmal wie ein Fremder im eigenen Land«.[7] Und knapp 60 Prozent der Bundesbürger stimmten 2010 der Forderung zu, den Muslimen in Deutschland sollte »die Religionsausübung erheblich eingeschränkt werden«. Im Osten waren es sogar 75 Prozent.[8]

Diese diffusen Befindlichkeiten bedient »Politically Incorrect« seit Jahren. So erfahren die PI-Leser beispielsweise in dem Erlebnisbericht über die Bad Godesberger Klein-Demo vor der Moschee ganz nebenbei, dass es auf der »einst beliebten Einkaufsstraße« kaum noch »deutsche Geschäfte« gebe, die Gegend selbst »fest in arabischer Hand«, die Kriminalität »rasant angestiegen« sei und die »autochthone[9] Bevölkerung« der Entwicklung »hilflos« gegenüberstehe. Als Beleg für diese Einschätzung kommt »eine Anwohnerin« zu Wort und »ein alteingesessener Kneipenbesitzer, der nicht namentlich genannt werden will«.

PI-Gründer Herre nennt sein Projekt »quasi-journalistisch«. Wie der große Axel Springer Verlag hat auch PI »Leitlinien« formuliert, darunter, ähnlich wie bei Springer, die ausdrückliche Solidarität zu den USA und Israel. Während das Bekenntnis zu den Vereinigten Staaten noch aus der PI-Gründerzeit stammt (Herre selbst war und ist ein großer George W. Bush-Verehrer oder besser: Anti-Anti-Amerikanist), mag die betont proisraelische Haltung zunächst überraschen. Doch Herre begründet sie damit, dass Israel »ein Vorposten der freien, westlichen Welt« sei. Auch dort schreite die »schleichende Islamisierung« bereits voran. »Und wenn Israel fällt, fällt auch Europa«, sagt er. Vor allem aber versteht Herre PI als Gegenentwurf zu dem, was er »die Mainstream-Medien« nennt, eine Art Meinungskartell von *taz* bis *FAZ*, das sich aus Furcht vor Kollegenschelte, aus Angst um Leib und Leben oder aus politischer Gefälligkeit unablässig selbst zensiere. Rechtsextreme sagen »Systempresse« dazu.

PI-Leser gelegentlich auch. Wer will, kann nämlich jeden der PI-Einträge kommentieren, ebenfalls anonym. Das wollen viele. Die Kommentare sind ein integraler Bestandteil des PI-Konzepts, das von der Erregung lebt, die sich unter den Artikeln ausbreitet. Was die PI-Autoren oft nur andeuten, sprechen die Kommentatoren aus. Manche nennen sich »Schweinefleisch«, »Kreuzritter«, »Radikal-Demokrat«, »Islamophobius«, »AngstvorderZukunft« und sind im Schutz der Anonymität, die PI ihnen gewährt, nicht zimperlich. Längst hat die PI-Gemeinschaft eine eigene, ironisierend-selbstzensierende Sprache entwickelt: Wer die Angst vor der Islamisierung nicht teilt, ist ein

»Gutmensch« und »Unterwerfungs-Dhimmi«[10], Europa heißt »die EUdSSR«, Burkaträgerinnen sind »Pinguine«[11], von Moslems begangene Straftaten stets ein »Verbotsirrtum«[12], muslimische Straftäter ein angeblicher »Einzelfall«, Stadtteile mit hohem Moslemanteil »verdönern«, und Nordrhein-Westfalen wird im PI-Jargon zum »Testkalifat Al-Laschet«, benannt nach dem ehemaligen NRW-Integrationsminister Armin Laschet. Der Koran ist für einige nur ein »klerikal-orientalischer Wixerkodex«. Vor allem für Moslems finden sich auf PI zahlreiche Synonyme: Kulturbereicherer, Jammertürken, Muselaffen, Muselgeier, Talibanfurzer, windelpupsende Mamasöhnchen, Teppich- und Arschhochbeter, Ziegenschänder, Eselficker oder schlicht »Gesoxe« und »annalphabete (sic) Islamofaschisten«. PI-kritische Stimmen sind rar und letztlich unerwünscht.

PI-Gründer Herre legt großen Wert auf die Feststellung, dass er »in keinster Weise ein Rassist« sei. Er habe keine Vorurteile und »überhaupt kein Problem mit Ausländern, die nach Deutschland kommen, sich an die Gesetze halten, sich benehmen«. Auffällig würden aber »immer wieder die Gleichen«: »Aus dem türkischen Bereich kommen ja nicht die Gebildeten zu uns, es kommen halt die Leute aus Anatolien, die uns hier ja nicht wirklich intellektuell bereichern.« Trotzdem stehe, wer in Deutschland den Islam kritisiere, »sofort in der rechten Ecke«. Dabei hätten wir hier doch das Grundgesetz, »das vielleicht modernste der Welt«, und »die freiheitlich christlich-jüdischen Werte«.

Beides aber, so fürchten Herre und die, die er »wir« nennt, werde bald abgelöst durch die religiös legitimierte Gesetzgebung des Islam, die Scharia, »die ja in Deutschland zunehmend Anwendung findet«. Für Kriminelle mit muslimischem Hintergrund gebe es vor Gericht häufig »ein geringeres Strafmaß, weil die Richter den kulturellen Hintergrund miteinbeziehen«. Herre nennt so etwas »vorauseilende Unterwerfung« und den interkulturellen Dialog »Dialüg«. Vonseiten der Moslems werde dabei ja ohnehin nur »Taqiyya«, also die religiös legitimierte Täuschung von Nicht-Moslems betrieben. Zweifel an seiner Weltsicht kennt er nicht: »Dass der Islam gefährlich ist, muss man den Leuten halt immer wieder sagen. Und wenn wir's nicht tun, macht's keiner.«

Wenn die PI-Autoren ihren Lesern dann von hilflosen autochthonen Bevölkerungen erzählen, wenn sie versuchen, »Tabuthemen aufzugreifen und Informationen zu vermitteln, die dem subtilen Diktat der politischen Korrektheit widersprechen«, und über die »vorbildliche Selbstzensur« der »Mainstream-Medien« witzeln, sind anschließend mehr als hundert Kommentare pro Beitrag keine Seltenheit. Besonders angetan haben es den PI-Autoren und -Kommentatoren von jeher Zeitungs- oder Polizei-Meldungen über Gewalt- und Straftaten, bei denen die Täter entweder als »südländisch« bezeichnet werden oder (mutmaßlich) muslimische Namen tragen. Und wenn ein Hinweis auf die Herkunft des Täters fehlt[13], ist das ein willkommener Anlass für Spekulationen.

Ein Beispiel, irgendeines, aus dem schier unerschöpflichen Fundus der PI-Veröffentlichungen: Im Januar 2010 erschien auf PI ein Beitrag über eine »Messerattacke« auf einen Jugendlichen in Berlin, eingeleitet von ein paar einordnenden Sätzen: »Seit Jahren berichten wir über die zunehmende Gewalt und Brutalität in allen Ballungsgebieten. Die Täter sind meist Türken oder Araber oder deren Nachkommen, die hier Aufenthaltsrecht genießen, den Freiheitsbegriff jedoch anders verstehen.« Anschließend wurde PI konkret: »Am 27. 12. 2009 gegen 22.30 Uhr wurden [der Jugendliche] und drei Freunde nahe der Straßenbahnhaltestelle in der Thomas-Mann-Straße/Greifswalder Straße in Berlin-Prenzlauer Berg von drei türkisch- oder arabischstämmigen Jugendlichen aufgefordert, Bargeld und Handys herauszugeben.« Der Vorfall endete mit einer üblen Schnittverletzung im Gesicht des Opfers.

Laut PI stammt die zitierte Tatbeschreibung aus einer Pressemeldung der Berliner Polizei, zu deren Homepage der Artikel sogar verlinkt – auch wenn die Polizei-Meldung, wie es im PI-Beitrag heißt, inzwischen »nicht mehr verfügbar« sei.[14]

Andere Medien hingegen hätten, so PI weiter, die »Messerattacke« zwar weiterverbreitet, aber »wie gewohnt unter Weglassung des Immigrationshintergrundes der Täter«. Zum Beweis zitierte der Beitrag eine Meldung, die unmittelbar nach der Tat so oder ähnlich in verschiedenen Berliner Medien zu finden war. Und tatsächlich ist darin an keiner Stelle von türkisch- oder arabischstämmigen Tätern die Rede, sondern nur von einem »Jugendlichen aus einer Gruppe von drei Personen«.

Nicht weniger als 240 Kommentare wurden anschlie-ßend von PI-Lesern allein unter diesen Eintrag geschrie-ben, bevor der Kommentarbereich, wie bei PI üblich, rund »24 Stunden nach Erscheinen des Artikels geschlossen« wurde. Die Kommentare sprechen für sich. »Es reicht«, schrieb gleich der erste Kommentator. »Ich habe die Schnauze von diesem Staat gestrichen voll – maßt sich das Gewaltmonopol an und ist unfähig, seine Bürger zu schützen. Da hilft, namentlich im ÖPNV, eigentlich nur noch bewaffnen.« Und zahllose andere sehen das ähnlich, empfehlen messersichere Jacken, Pfeffergels und -sprays, Gaspistolen, geben Tipps, wie man sich in Deutschland legal »bewaffnen« könne (Schützenverein, Jägerprüfung), und ergehen sich in Gewaltphantasien gegen den »Ara-ber-Abschaum«: »[Ich] zieh dann mein Messer, und stech ordentlich hinein in den Kulturbereicherer, und noch zwei-, dreimal!« – »Zwei Schritt zurück und dann den Re-genschirm entschlossen anpacken und in das Gesicht des Messer-Musels stoßen, mit allem, was man hat. Bei Tref-fer: 3x nachstoßen, nachhacken!« – »Eigentlich müsste man jedem ›Südländer‹, der einen unfreundlich an-spricht, sofort die Mündung der entsicherten Pistole ins Gesicht halten.« Aber auch scheinbar unbedeutende De-tails, wie etwa die Behauptung, dem Jugendlichen in Ber-lin hätte nicht nur Bargeld, sondern auch das Mobiltele-fon geraubt werden sollen, inspiriert die PI-Leser. »Mein Tipp«, schreibt einer, »kauft euch ein altes oder defektes Handy und präpariert es so, dass es beim Einschalten ex-plodiert, also Elektronik raus und Polenböller rein.« Ein anderer findet das »eine sehr gute Idee! Und einfach realisierbar: Sprengsatz im Akku, Beimischung von hochtoxischen Metallspänen, diese präpariert mit Schweineblut. Auslösen über spezielle Nummer. Und dann – bumm!«

Während sich dergleichen nach wie vor auf PI nachlesen lässt, wurden andere Kommentare von den PI-Machern nachträglich gelöscht. Ein Grund für die Löschung wird nicht genannt, aber Stefan Herre sagt: »Kommentare, die zu sehr zu Gewalt auffordern oder zu rechtsextrem sind, löschen wir.« Er selbst sei vielleicht schon »ein bisschen abgebrühter«, könne aber »die Leute auch verstehen, die übers Ziel hinausschießen, wenn sie das alles in geballter Form vorgesetzt bekommen und wieder mal ein Türke jemanden erstochen hat«. Denn dass in solchen Fällen die Gewalt »ja mehr von der einen Seite« ausgehe, »das wissen ja alle«. Und mancher sei dann eben in seiner Ausdrucksweise etwas »burschikoser«.

Im Fall der »Messerattacke« aber werden die PI-Leser nicht nur »burschikoser«, sondern gern auch grundsätzlich. Schuld an den von PI so unermüdlich dokumentierten Problemen mit der muslimischen Bevölkerungsgruppe sind für sie nämlich letztlich »die Presse«, »die 68er«, »der Staat«, »Deutschland«, »die EU«: »Das Thema Ausländer will keiner angehen. Feigheit! Betrug am deutschen Volke!«, heißt es dann, oder: »Es ist bitter, so bitter, aber es ist gewollt und gewünscht. Siehe EU, die 50 Millionen Afrikaner nach Europa holt. Der Terror ist doch vorprogrammiert, der Bürgerkrieg wird nicht stattfinden, denn bei den geringsten Unruhen holt man ausländische

Truppen ins Land, die schießen jede Demo und jeden Protest zusammen (...). Europa ist an den Islam verscheuert worden.«

Ähnlich vielsagend äußern sich auch andere. So heißt es beispielsweise in Kommentar 215: »Im Osten war immer die Neonaziszene aktiv. Jetzt haben wir dort auch ›Bunt statt Braun‹. Als dort noch genug Nazis unterwegs waren, trauten sich da keine Türken und Araber hin. Offensichtlich finden einige linke Idioten ja grölende und besoffene Nazis schlimmer als ein türkisches Messer im Gesicht. Ich persönlich bin an Nazis immer ohne versuchten Raub und auch ohne Messerattacke vorbeigekommen. Mit denen konnte man bei genügend Bildung und Diplomatie beschwichtigend reden, und was letztendlich zählt, ist nicht die politische Gesinnung, sondern meine Gesundheit. Wenn auf der rechten Straßenseite eine Horde Nazis langmarschiert und auf der linken eine Horde Moslems, dann würde ich immer den Bürgersteig mit den Nazis nehmen. Ich weiß, dass dies politisch vollkommen unkorrekt ist, aber was zählt, um zu überleben, ist die Erfahrung, und die spricht eine eindeutige Sprache.« Ein anderer Kommentator ergänzt: »Die Dönerbuden, Gemüseläden etc. sind die Vorhut und die Forts bei der Eroberung und Kolonialisierung neuen Lebensraumes für die osmanischen Eroberer. Im Laden stehen freundlich grinsende Männer und kopftuchverzierte Muttis. Jeder dieser Läden zieht wieder einen Haufen Illegale, Nichtstuer und Kriminelle aus dem Umfeld dieser feinen Geschäftsleute an.« Zusammenfassend schreibt er: »Ich kaufe schon seit Jahren nichts mehr bei Moslems.«

Ein weiterer Kommentator kommt derweil zu einem ganz anderen Resümee: »Wenn ein Großteil der deutschen Bürger die Infos hätte, die man auf PI (...) täglich nachlesen kann, wäre was los!« Wer wollte da widersprechen? Schließlich hat sich keiner der zahllosen Kommentatoren die Mühe gemacht, den »Quasi-Journalismus« von PI zu hinterfragen.

Dabei wäre es nicht einmal besonders schwierig gewesen, die vermeintlich »nicht mehr verfügbare« Polizeimeldung zur »Messerattacke« in Berlin, auf die sich PI beruft, doch noch ausfindig zu machen. Ein bisschen Suchen im Internet oder ein kurzer Anruf bei der Polizei reichten aus, um festzustellen, dass auch in der ursprünglichen Pressemeldung keine Angaben zu Herkunft, Nationalität oder kulturellem Hintergrund der Täter gemacht werden. Im Gegenteil: Die Polizeimeldung ist identisch mit der in den Medien veröffentlichten Version. Auf Nachfrage verneint die Berliner Polizei sogar ausdrücklich, dass es sich bei den weiterhin unbekannten Tätern um »drei türkisch- oder arabischstämmige Jugendliche« gehandelt habe.

Ein derartig, sagen wir, burschikoser Umgang mit Tatsachen ist auf PI kein Einzelfall. Im Internet finden sich zahlreiche weitere Fälle, in denen die Behauptungen und Suggestionen der PI-Autoren einer Überprüfung nicht standhalten. Faktentreue spielt im geschlossenen System der Islamophobie aber ohnehin eine untergeordnete Rolle.

Oder, wie ein PI-Leser, der sich »Rechtspopulist« nennt, es formuliert: »›Jugendliche‹ sind so lange Ausländer, also Moslems, wie nichts anderes geschrieben steht ...«

Jens von Wichtingen, bis zu seiner überraschenden Abkehr von PI im Herbst 2007 selbst Mitstreiter in Stefan Herres Team, will heute nichts mehr zu »Politically Incorrect« sagen. In einem offenen Abschiedsbrief hatte er dem Projekt aber einen »sektenähnlichen Charakter« sowie ein »extrem einseitiges Weltbild« attestiert. Von Wichtingen beschrieb PI als einen Ort, an dem sich »mittlerweile ein Mob tummelt, der mit Demokratie nichts am Hut hat«.[15]

Wenn es sich anbietet, bricht dieser Internet-«Mob« auch schon mal aus der Plattform aus und lässt sich für Kampagnen einspannen. Online-Abstimmungen in etablierten Medien wurden mehrfach vorzeitig abgebrochen, weil der Verdacht bestand, sie seien nach einem entsprechenden Hinweis auf PI von den PI-Lesern manipuliert worden. Und selbst die beim Thema Islamkritik wenig zimperliche Tageszeitung *Die Welt* beispielsweise schließt in ihrem Online-Angebot bei mutmaßlich PI-affinen Texten vorsorglich die Kommentarfunktion. Regelmäßig finden sich in PI-Texten auch E-Mail-Adressen und Telefonnummern von Islamophobie-Kritikern, manchmal auch mit der ausdrücklichen Aufforderung, ihnen die Meinung zu sagen. Anschließend berichten die Betroffenen häufig von einer Flut von E-Mails, Briefen und Anrufen, darunter nicht selten Verwünschungen und offene Drohungen.

»PI wird eben nie langweilig«, sagt Stefan Herre. Er

meint das nicht zynisch. Inmitten all der Hysterie, die PI provoziert und verbreitet, wirkt er bedächtig, geradezu vernünftig und ein bisschen spießig. Vielleicht liegt das an seinem gutbürgerlichen Elternhaus im Kölner Villenviertel Thielenbruch. Von seinem Vater Klaus Herre scheint er nicht nur seine langjährige Leidenschaft fürs Leserbriefschreiben geerbt zu haben: Weit über hundert säuberlich faksimilierte Leserbriefe der letzten 27 Jahre finden sich auf Stefan Herres privater Homepage, veröffentlicht von *Kölner Stadtanzeiger*, *FAZ*, *Welt*, *taz* und *Junge Freiheit*, seit 2002 verstärkt zum Thema Islam. Zudem war Herres Vater, ein Mittelstandlobbyist, lange Jahre aktiver CDU-Mann, dem seine Partei nicht rechtskonservativ genug war. Klaus Herre habe »ein Vakuum« rechts der CDU gesehen, sagt der Sohn. Doch obwohl sein Vater selbst bei mehreren Parteigründungsversuchen dabei gewesen sei, konnte er es nicht füllen.

Nun ist sein Sohn, selbst langjähriger treuer CDU-Wähler, in genau dieser politischen Grauzone aktiv. Durchdrungen von Islamisierungsangst und getrieben von seiner Mission, scheinen ihm aber nicht nur die Grenzen des guten Geschmacks zweitrangig geworden zu sein. Auch politisch ist er entgegen seiner Beteuerungen längst in einer Szene angekommen, der rechtsextreme Ansichten und Verbindungen nicht gänzlich fremd sind. Auch wenn sich Herre selbst nicht als Politiker begreift, ist er längst auch ein politischer Akteur, ein umtriebiger Netzwerker der (partei-)politischen Anti-Islam-Aktivisten.

Besonders engagierte PI-Fans haben inzwischen überall in Deutschland »PI-Gruppen« gegründet, »weil sie häufig in ihrem Freundeskreis mit ihrer Meinung allein dastehen und sich so nicht verstecken müssen mit der eigenen Islamkritik«, wie Herre sagt. Die Unterstützer trauen sich damit aus der virtuellen Anonymität heraus, treffen sich meist monatlich zum Gedankenaustausch und planen konkrete islamkritische Aktionen in ihrer Region, Auftritte als »kritische Fragesteller« etwa bei öffentlichen Veranstaltungen zum Thema Islam. Mehr als 50 solcher Gruppen gibt es bundesweit – überwiegend in Westdeutschland und dort vor allem in der Provinz. PI unterstützt die Gruppen mit redaktionellen Beiträgen, weist aber zugleich darauf hin, dass es sich dabei um einen »Zusammenschluss mündiger Bürger« handele, »die mit den Blog-Betreibern nicht institutionell verbunden sind«. Herre selbst allerdings macht in der Kölner PI-Ortsgruppe mit.

Darüber hinaus zeigen die vielfältigen (Werbe-)Banner auf der PI-Website, wie weit dabei die Toleranz der Macher reicht: von der Schweizer Anti-Minarett-Initiative und dem niederländischen Rechtspopulisten Geert Wilders über das neurechte Portal sezession.de und die rechtskonservative *Preußische Allgemeine Zeitung*, zu verschiedenen konservativ-christlichen Websites, zu einem 500-seitigen Essay über »die schleichende Unterwerfung Europas durch den Islam«[16] oder dubiosen Initiativen wie etwa der »Bürgerlich sozialen Heimatbewegung« und nicht zuletzt zur *Jungen Freiheit*, die nicht nur immer wieder Herres Leserbriefe druckt, sondern ihn auch als »Interviewpartner« und »Autor« führt.

Auch der Verfassungsschutz interessiert sich längst für das Portal »Politically Incorrect« und seine Verbündeten – selbst wenn die Behörde bislang keine Notwendigkeit gesehen hat, PI in ihren Verfassungsschutzbericht aufzunehmen. »Islamfeindlichkeit ist per se noch nicht extremistisch und deshalb auch nicht ohne weiteres ein Thema für die Verfassungsschutzbehörden«, sagt der Chef des Bundesamtes für Verfassungsschutz, Heinz Fromm. »Wir dürfen uns nicht dafür interessieren, wenn jemand sagt: Ich kann Muslime nicht leiden. Auch nicht dann, wenn Überfremdungsängste artikuliert werden.« Der Verfassungsschutz speichere niemanden von PI, erfasse keine personenbezogenen Daten. »Wir sehen uns die Entwicklung dort aber aufmerksam an.«

Schließlich könnten sich solche Ansichten »zu verfassungsfeindlichen Einstellungen verdichten und zu entsprechenden politischen Aktivitäten führen«. Die Kriterien für die Grenzziehung ergeben sich aus einem Urteil des Bundesverfassungsgerichts zur *Jungen Freiheit* aus dem Jahr 2005.[17] »Im Fall von ›Politically Incorrect‹ bedeutet dies, dass es nicht reicht, wenn in Leserbriefen oder Gastbeiträgen verfassungsfeindliche Positionen erkennbar werden«, sagt Fromm. Diese Einstellungen müsse die Behörde PI direkt zuordnen können. Doch der Verfassungsschutz will das »zumindest bislang« bei PI »nicht sicher festgestellt« haben.

Die »Bürgerbewegung pro Köln e.V« hingegen wird inzwischen von den Sicherheitsbehörden beobachtet. 1996 von ehemaligen REP- und NPD-Mitgliedern als Ableger der rechtsextremen Deutschen Liga für Volk und Heimat (DLVH) gegründet, setzt auch Pro Köln auf den Kampf gegen die »Türkisierung und Islamisierung« und sitzt seit 2004 mit eigener Fraktion und inzwischen fünf Sitzen im Kölner Stadtrat. Der Verfassungsschutz sehe bei Pro Köln »Anhaltspunkte für rechtsextremistische Bestrebungen«, sagt Verfassungsschutz-Chef Fromm. Schon seit 2004 taucht die Wählergruppe im NRW-Verfassungsschutzbericht auf. Mittlerweile formiert sich die Pro-Bewegung als Pro NRW und Pro Deutschland auch landes- und bundesweit, kooperiert verstärkt mit den Republikanern. Der nordrhein-westfälische Verfassungsschutz attestiert Pro Köln und Pro NRW eine Missachtung der Menschenwürde und des Diskriminierungsverbotes. Ausländer würden »pauschal herabgesetzt und diffamiert«. Bestimmte Volks- und Religionsgruppen, insbesondere Muslime, würden »als unerwünschte und nicht integrierbare Menschen zweiter Klasse dargestellt«. Obwohl sich die Pro-Organisationen aus taktischen Gründen zum Grundgesetz bekennen würden, sei ihr Grundgesetzverständnis »nicht mit den Zielen, Werten und Inhalten des Grundgesetzes vereinbar«.[18]

Auch PI hat sich in den vergangenen Jahren intensiv mit Pro Köln beschäftigt, hat Kundgebungen und »Mahnwachen« von Pro Köln begleitet, Reden dokumentiert und sogar recht ungewöhnliche Beweise gefunden, um Pro Köln vom Rechtsextremismus-Verdacht freizusprechen: »Wer immer noch glaubt, hinter Pro Köln stecken verkappte, biedere Nazis, die am liebsten im Stechschritt durch die Straßen marschieren würden«, heißt es in einem PI-Beitrag, »sieht sich spätestens seit heute eines Besseren belehrt.« So seien die Teilnehmer einer monatlichen Pro Köln-»Mahnwache gegen die Islamisierung Deutschlands« wenige Tage vor Beginn des Kölner Karnevals »in bester Stimmung« gewesen »und feierten – trotz des ernsten Themas Moscheebau – ausgelassen Karneval«.

Verfassungsschutzchef Heinz Fromm sagt zu all dem: »PI bietet der Pro-Bewegung durch eine wohlwollende Berichterstattung zumindest eine gewisse Werbeplattform.«

Denn die Anti-Islam-Bewegung sucht nicht nur ein parteipolitisches Zuhause jenseits der CDU, sondern, wie PI-Gründer Herre unumwunden zugibt, schon seit geraumer Zeit auch »händeringend nach einem Kopf«. Sogar er selbst sei, wie er sagt, bereits häufiger gefragt worden, ob er als Akteur im politischen Betrieb zur Verfügung stünde. Auf der PI-Website findet sich immer wieder der Appell, Herre möge sich parteipolitisch engagieren. Dann heißt es in den Kommentaren beispielsweise: »Die einzige Überlebenschance für Deutschland sehe ich in PI als Partei.« Doch Herre hat nach eigenem Bekunden keine Lust auf Partei-Politik und -Klüngel, er sei »einfach zu gutmenschlich, zu freiheitsliebend«.

Dafür durfte sich Pro Köln bis Mitte 2010 auf freundliche Unterstützung durch Herre und PI verlassen. Die Internetplattform veröffentlichte ausschweifende Interviews mit wichtigen Pro-Köln-Vertretern, bei denen Stefan Herre als Stichwortgeber für die extrem rechten Lokalpolitiker fungierte. Herre stand bei Wahlveranstaltungen in der ersten Reihe, beim Pro-Köln-Neujahrsempfang 2010 ließ er sich, sichtlich gutgelaunt, Arm in Arm mit einem Pro-Köln-»Urgestein« fotografieren.

Im Internet findet sich auch ein Video, das Herre mit Weizenbier in einem Straßencafé bei der Nachbereitung einer Pro-Köln-Wahlkampfkundgebung zeigt: »Davon haben wir vor ein paar Wochen noch geträumt«, sagt er in die Kamera.

Mit ihm im Straßencafé sitzt »der Jörg«, wie Herre ihn nennt: Jörg Uckermann, ein umtriebiger Pro-Köln-Funktionär und -Aktivist. Neben dem ehemaligen Bundesvorstand der Republikaner und DLVH-Mitgründer Markus Beisicht und dem ehemaligen JNler, Republikaner und weiterer DLVH-Gründer Manfred Rouhs gehört Uckermann zur Spitze der Pro-Bewegung. Uckermann gefällt sich in der Rolle des lauten und populistischen Redners ebenso wie als smarter Polit-Star, fiel in der Vergangenheit aber auch wiederholt wegen jähzorniger Ausfälle auf. Dann beschimpft er Polizisten als »Stasi« und die Antifa als »rote SA«.

Anders als viele seiner Pro-Kollegen, zu denen seit 2010 auch der ehemalige NPD-Spitzenfunktionär und spätere DVU-Mann Andreas Molau zählt[19], fand Uckermann jedoch nicht aus rechtsextremen oder rechtspopulistischen Milieus zur »Bürgerbewegung«, sondern aus der CDU: Dort hatte er sich auch schon stark gegen den Bau einer Moschee in Köln engagiert, bis er 2008 einem CDU-Parteiausschlussverfahren zuvorkam und freiwillig austrat.

Seitdem sitzt er nicht mehr für die CDU, sondern für Pro Köln im Stadtrat. Bei Pro Köln nennt man Uckermann »den wohl prominentesten CDU-Überläufer«. Und als er – auf Einladung von Herre – Ende 2009 bei einem Treffen der Kölner »PI-Gruppe« auftauchte, war er dort ein willkommener Gast.

Dass sich Herre trotz offensichtlicher Sympathie nie ein klares politisches Bekenntnis zur Pro-Bewegung und »dem Jörg« entlocken ließ, hatte gute Gründe. Auf der Suche nach einer politischen Führungsfigur für die Islamkritiker-Szene war der PI-Gründer auch auf René Stadtkewitz gestoßen, »den René«, wie Herre ihn nennt.

Stadtkewitz ist ein 45-jähriger Moscheegegner aus Berlin, er zog 2001 für die CDU ins Berliner Landesparlament – und die Berliner CDU hielt erstaunlich lange an ihm fest. Denn bereits 2008 war Stadtkewitz Chef des Berliner Landesverbandes der »Bürgerbewegung Pax Europa« (BPE) geworden, einem bundesweiten Sammelbecken für Moscheegegner und Überfremdungsphobiker[20], dessen Aktivitäten PI freundschaftlich begleitet. Im Herbst 2009 kam es zum ersten Eklat zwischen CDU und Stadtkewitz, weil der Politiker zunehmend seine Rollen als CDU-Abgeordneter und Anti-Islam-Vereinschef vermengte. Stadtkewitz gab daraufhin wütend seinen Partei-Austritt bekannt. Und auf PI fand sich wenig später eine Pressemitteilung, in der sich Pax-Europa-Bundesvorstand Stadtkewitz über die »Hetz- und Abgrenzungskampagne« und über »islamophile Diffamierungskartelle« empörte.

Allerdings blieb René Stadtkewitz noch bis September

2010 Mitglied der CDU-Fraktion. Erst nachdem er – gemeinsam mit Herre – nach Den Haag gereist war, um dort, ausdrücklich »als Mitglied des Abgeordnetenhauses«, den niederländischen Rechtspopulisten Geert Wilders nach Berlin einzuladen (und Herre anschließend Wilders' Zusage auf PI verkündete), warf ihn die CDU schließlich aus der Fraktion.

»Die Linie von Pax Europa ist durchaus auch die unsrige«, sagt Herre, der bei der von Stadtkewitz organisierten Geert-Wilders-Veranstaltung als Moderator auftrat. »Wenn man die Ansicht des Interviewten teilt, wäre es doch verlogen, daran Kritik zu üben«, sagt er. Und die Sympathien scheinen wechselseitig. Der bis 2010 von Stadtkewitz geleitete BPE-Landesverband verbreitet die »quasi-journalistischen« Beiträge von PI ungefiltert auf der eigenen Website als »neueste Nachrichten«; der BPE-Bundesgeschäftsführer Conny Axel Meier zeichnet verantwortlich für einen PI-Werbeflyer.

So dürfte es auch für den PI-Gründer Herre eine erfreuliche Nachricht gewesen sein, mit der René Stadtkewitz, nunmehr als partei- und fraktionsloser Abgeordneter, an die Öffentlichkeit ging: In einem kleinen Restaurant unweit des Berliner Abgeordentenhauses leitete Stadtkewitz am Vorabend des 11. September 2010, mitten im Trubel um Thilo Sarrazins Buch, die Gründung einer neuen Partei ein. »Die Freiheit« soll die Partei heißen – und bei den Berliner Landtagswahlen 2011 antreten. PI-Gründer Stefan Herre lässt sich bei der Pressekonferenz nicht sehen, dafür aber ein anderer prominenter PI-Aktivist. Der Mann ist seit ein paar Tagen ein kleiner Held in der Szene, weil er bei einer Sarrazin-Veranstaltung mit einem »Danke Thilo!«-Schild die Gegendemonstranten provoziert hatte. Sogar der *Spiegel* druckte ein Foto der Aktion ab – und damit auch die Internetadresse von PI. Denn die stand auch auf dem Schild. Mit schwarzem Anzug und weißem Hemd rutscht der »Danke-Thilo-Mann«, wie PI ihn seither nennt, nun unruhig auf seinem Stuhl hin und her, freut sich, als Stadtkewitz ihn entdeckt und ihm freundlich zunickt.

»Ein guter Tag für Deutschland«, schreibt später ein Leser auf PI. Auch die meisten anderen Kommentatoren auf der Website begrüßen die Parteigründung. Nur einige Skeptiker warnen, die »Systempresse« werde sich jetzt mit den »üblichen Nazi- und Rassismusvorwürfen« auf Stadtkewitz stürzen.

Fraglich ist allerdings, ob »Die Freiheit« tatsächlich die Sehnsucht nach einer erfolgreichen Anti-Islam-Partei erfüllen kann – so wie Wilders »Vrijheid«-Partei in den Niederlanden. Denn in Deutschland sind bei dem Versuch schon andere gescheitert – zum Beispiel der Autor Udo Ulfkotte, einst »FAZ«-Redakteur. Er bemühte sich 2007, eine islamkritische Partei zu gründen, und bekam dafür von PI zunächst ebenfalls Unterstützung. Doch aus der Partei wurde nichts. Ende 2008 verließ Ulfkotte sogar den von ihm mitgegründeten Verein Pax Europa – wegen dessen »zunehmend extremistischen Kurses«.[21]

Und die »Freiheit«-Partei spaltet das Lager der Islam-Gegner, noch bevor sie überhaupt offiziell existiert. Denn

sie macht der Pro-Bewegung Konkurrenz, die in Nordrhein-Westfalen immerhin in einigen Lokal- und Bezirks-
parlamenten vertreten ist, bei den NRW-Landtagswahlen
2010 aber nur 1,4 Prozent erreichte. Nur Tage nach dem
Gründungsaufruf für »Die Freiheit« wird das Zerwürfnis
offensichtlich. Der Pro-Köln-Mann Uckermann erinnert
Stefan Herre in einem offenen Brief an dessen »regelmä-
ßige Teilnahme an Veranstaltungen unserer Bürgerbewegung«, »die intensiven Gespräche mit unserer Führungs-
mannschaft«, Herres Unterstützung »im vorpolitischen
Raum« und den »konstruktiven Dialog« zwischen PI und
Pro. Doch nun, so Uckermanns Vorwurf, habe PI »die
Arbeit der Pro-Bewegung unter die allseits bekannte
Schweigespirale gelegt«. Sollten sich die »demokratischen
islamkritischen Kräfte in Deutschland spalten«, warnt der
Pro-Köln-Politiker, könnten sie »letztendlich nur den
Neonazis in die Hände spielen, die dieses wichtige Thema
für ihre Zwecke missbrauchen«. Der Funktionär einer ex-
trem rechten Bewegung warnt vor noch extremerer Kon-
kurrenz. Ein bizarres Theater.

PI schenkt dem Appell keine Beachtung, antwortet
wortkarg via Twitter: »Wir wählen DIE FREIHEIT!« – eine
Anspielung auf ein gleichlautendes Adenauer-Zitat.[22]

Allerdings ist die Sorge vor Konkurrenz vom äußersten rechten Rand nicht unbegründet: Bereits nach dem
Schweizer Volksentscheid zum Minarettbau-Verbot etwa
meldete sich 2010 der Vorsitzende der rechtsextremen
Jungen Nationaldemokraten, Michael Schäfer, zu Wort
und kritisierte auf der Internetseite der NPD-Jugendorga-

nisation, dass die deutsche Rechte das Thema Islamisierung total verschlafen und »pseudonationalen Grüppchen« beziehungsweise »Maulhelden« überlasse habe, »die nicht eine wirkliche Veränderung in unserem Land im Auge haben, sondern nur ihren Platz am Tisch der Etablierten einfordern«.

Wenige Tage später teilte die NPD per Pressemitteilung mit, sie wolle dem »in Deutschland verbreiteten Unbehagen an der schleichenden Islamisierung so rasch als möglich eine Stimme geben« und habe daher »jetzt die Initiative ergriffen, damit der Impuls des Schweizer Minarett-Votums (...) auch in der Bundesrepublik Wirkung entfalten kann«. Auch hier wurde in offensichtlicher Anspielung auf PI und die befreundeten »Bürgerbewegungen« gegen »pseudo-oppositionelle Trittbrettfahrer« polemisiert, denen man »das Anliegen des Minarettbau-Verbots« nicht überlassen dürfe. Unter den »inländerfreundlichen Kräften in der Bundesrepublik« verfüge derzeit schließlich nur die NPD über die flächendeckenden Strukturen, die nötig sind, um »dem Volkswillen endlich auch bei uns Gehör zu verschaffen«. Nur sie habe »die Mittel, das Personal und die Ideen!«. Wenig später warnte die NPD-Frauenorganisation in einer Pressemitteilung zum Thema Burka-Verbot, die Deutschen könnten »im eigenen Land« bald die Minderheit sein: »Werden deutsche Frauen dann am Strand noch Bikinis tragen dürfen?« Und im NRW-Landtagswahlkampf 2010 stand im NPD-Wahlprogramm an erster Stelle: »Überfremdung und Islamisierung stoppen«.

NPD-Sprecher Klaus Beier gibt zu, seine Partei hätte längst »offensiver mit dem Thema Islam umgehen sollen« und habe das Thema »vielleicht zu spät in den Vordergrund gerückt«. Gerade hat die Partei neue Aufkleber drucken lassen. Darauf steht neben dem NPD-Logo: »Sarrazin hat recht!« Denselben Spruch findet man bei »Politically Incorrect« auch auf Druckvorlagen für PI-Aufkleber.

Und schaut man sich an, was die NPD in programmatischen Artikeln im Parteiblatt *Deutsche Stimme* oder in einem Internet-Dossier[23] zum Thema Islamisierung mitzuteilen hat, dann liest sich das über weite Strecken wie eine Quintessenz aus dem, was »Politically Incorrect« seit Jahren unermüdlich propagiert.

8 | BERLIN

»Und täglich grüßt das Murmeltier«

Ein paar Tage vor der Bundestagswahl überraschte die NPD die Medien mit einer kuriosen Aktion. Der damalige Berliner NPD-Landesvorsitzende Jörg Hähnel forderte als angeblicher »Ausländerrückführungsbeauftragter« rund 30 Politiker mit Migrationshintergrund in Briefen zur »Heimreise« auf. Unter der Überschrift »NPD will Migranten-Politiker einschüchtern« berichtete als Erster der Berliner *Tagesspiegel* über die Kampagne: »Die Berliner NPD versucht, ihren lahmen Wahlkampf mit einer derben Provokation doch noch in Schwung zu bringen – und hat sich prompt ein Ermittlungsverfahren der Staatsanwaltschaft eingehandelt.« Die Meldung wurde wenig später von den Nachrichtenagenturen aufgegriffen und verbreitet: »Der Hass-Wahlkampf der NPD beschäftigt die Berliner Justiz«, schrieb dann deutlich zackiger beispielsweise *Spiegel Online*. Die Empörung war groß. Die NPD-Kampagne sei »widerlich«, »unanständig«, »billig« und »Anlass für ein neues NPD-Verbotsverfahren«, hieß es in den Medienberichten. Und der türkischstämmige Grünen-Politiker Özcan Mutlu, einer der Adressaten des NPD-Briefs, ließ sich mit dem Satz zitieren: »Was muss ich noch tun, um in Deutschland als vollwertiger Staatsbürger anerkannt zu werden?«

Dass jemand ihr dreistes Schreiben so ernst nehmen würde, hätte die NPD wohl kaum erwartet.[1] Denn der NPD-Mann Hähnel, im Parteivorstand zuständig für Öffentlichkeitsarbeit[2], gab selbst offen zu, »die Empörung der demokratischen Parteien bewusst auf sich zu ziehen«, wie die Nachrichtenagentur dpa in einer Zusammenfassung der Geschichte ergänzte. Die Agentur entschloss sich deshalb schließlich zu der ebenso distanzierten wie aufschlussreichen Formulierung: »Wenige Tage vor der Bundestagswahl kämpft die rechtsextreme NPD erneut durch gezielte Attacken auf Politiker mit ausländischen Wurzeln um Aufmerksamkeit.« Erfolgreich, wie man angesichts des (auch von der dpa selbst beförderten) Medienechos wohl hinzufügen muss. Zumal viele Medien in ihren Berichten den strategischen Hintergrund der Kampagne unerwähnt ließen.

Die Episode aus dem Bundestagswahlkampf 2009 ist ein kleines Lehrstück über das Verhältnis zwischen Journalisten und Rechtsextremen: Mit aufklärerischem Anspruch berichten die Medien kritisch über rechtsextreme Organisationen oder Vorfälle – und dann kommt NPD-Mann Hähnel und behauptet, die erwartbar negative Berichterstattung sei einkalkuliert und sogar nützlich für ihn und seine Partei.

Auch der NPD-Pressesprecher Klaus Beier bestätigt, mit der provokanten Brief-Kampagne vor der Bundestagswahl habe sein Parteifreund Jörg Hähnel die »Schweige-spirale« der Medien noch einmal durchbrechen wollen: »Der Plan ist aufgegangen.« Die NPD dürfe zwar nicht um jeden Preis provozieren, sondern müsse sich bemühen, das Vertrauen ihrer Wähler zu gewinnen: »Es ist aber besser, es wird über einen berichtet, selbst wenn's schlecht ist, als wenn man totgeschwiegen wird.« Sonst ergehe es der NPD am Ende wie der DVU, die bei der Bundestags-wahl 2009 gerade einmal 0,1 Prozent der Wählerstimmen bekam. Mangels Bekanntheit, glaubt der NPD-Mann.

Keiner in der NPD hat sich mehr mit Medienstrategien befasst als Klaus Beier, ein stämmiger Mittvierziger im schwarzen Strickpullover mit schütterem Haar und ge-stutztem Kinnbart. Zur Begrüßung streckt er die Hand aus, lächelt und fragt: »Darf ich Ihnen vielleicht etwas zu trinken anbieten?«

Ein bemerkenswerter Empfang in der Zentrale einer Partei, deren Mitglieder Journalisten gerne mal als »Schmierfinken« von der »Judenpresse« beschimpfen. Zumal auch die NPD-Parteizentrale aussieht, als gehöre Öffentlichkeitsarbeit bislang nicht wirklich zum Konzept. Der schmuddelige Altbau in einer Seitenstraße im Ost-Berliner Bezirk Köpenick gleicht einer Festung. Stachel-draht über der Hofzufahrt, die fensterlose Eingangstür ist mit dicken Metallriegeln gesichert, wer in das Gebäude hineinwill, muss einen dunklen Vorraum passieren, wo er durch eine kleine Luke in der Wand von einem jungen Mann gemustert wird. Zum Interview führt der NPD-Mit-arbeiter in einen Abstellraum im Erdgeschoss. Werbematerialien in den Reichsfarben Schwarz-Weiß-Rot türmen sich in Regalen bis unter die Decke: Wahlplakate, Fähnchen, Feuerzeuge und Säcke voller Bonbons. An der Wand baumelt unter der Parteifahne ein Kleiderbügel vom Flaggenhalter.

Klaus Beier, aufgewachsen in Bayern, gibt sich locker, verbindlich, beinahe kumpelhaft. Der Pressesprecher ist einer der einflussreichen Multifunktionäre der NPD.[3] In den vergangenen Tagen hat er als Bundesgeschäftsführer eine Strategiekonferenz der Partei organisiert und nebenbei als Chef der NPD-Brandenburg die »Reichsgründungsfeier« seines Landesverbandes begleitet. Man merkt ihm den Stress an. Für Fragen von Journalisten nimmt er sich trotzdem Zeit.

Die offensive Pressearbeit des NPD-Mannes beeindruckt zuweilen sogar Kollegen vom Fach. »Klaus Beier ist ein Pressesprecher, wie ihn sich jeder Journalist wünscht«, lobte 2006 das Branchenmagazin *Der Pressesprecher.* »Ein Anruf genügt, schon steht der Gesprächstermin. Sicher könne man sich heute ausführlich unterhalten, selbstverständlich auch noch nach 18 Uhr. Auskunftsfreudig ist Beier dazu.«

Seit Beier vor zwölf Jahren den Job als NPD-Sprecher antrat, arbeitet er daran, das Verhältnis seiner Partei zur Presse zu verbessern. Nicht etwa aus Respekt vor deren Arbeit. »Die Medien haben eine immense Macht«, sagt Beier. Und diese Macht soll seine Partei nutzen – genau wie die großen Volksparteien.

Wie gut der NPD das wirklich gelingt, lässt sich nur

schwer messen. Wenn die *Torgauer Zeitung* eine NPD-Pressemitteilung über die »Selbstalimentierung etablierter Parteien« wörtlich im Lokalteil abdruckt, ist das die Ausnahme.[4] In vielen Redaktionen landen NPD-Pressemitteilungen direkt im Papierkorb, NPD-Initiativen in den Kommunal- und Landesparlamenten werden selten in der Presse erwähnt, NPD-Politiker zu Diskussionsrunden mit den Spitzenkandidaten während des Wahlkampfs in der Regel nicht eingeladen. Auch in der medialen Berichterstattung über die Bundespräsidentenwahl 2010 blieb Frank Rennicke, der NPD-Kandidat für Bellevue, konsequent unerwähnt.

Klaus Beier nimmt das als Ansporn. Im Frühjahr 2009 hat er einen 39 Seiten starken Leitfaden zur Presse- und Öffentlichkeitsarbeit für die Kameraden an der Basis herausgebracht, in dem er nicht nur praktische Tipps und Tricks im Umgang mit Journalisten gibt, sondern fordert: »Wir müssen uns selbst bewusst machen, dass wir und damit auch die Partei nichts zu verbergen haben. Unser Ziel muss es sein, die Hinterzimmeratmosphäre zu überwinden und ganz bewusst die Öffentlichkeit zu suchen.« Und: »Wir sind eine offene Partei, die Menschen überzeugen will und damit auf die Menschen zugehen muss.«[5]

Was Beier propagiert, gefällt nicht allen in der Partei und deren Umfeld. Gerade in der Neonaziszene fordern viele weiterhin einen Boykott der Massenmedien. Eine Strategie, die die rechtsextreme Zeitschrift *Volk in Bewegung* in zwölf »Leitlinien Feindpresse« markig zusammengefasst hat. Die »sogenannte liberale Presse«, heißt es darin, leiste »Totengräberarbeit am deutschen Volk« und ihre »Hetzjournalisten als bewusst ausgewählte geistig-seelisch und körperlich minderwertige Menschen« stünden »geistig im Lager des Todfeindes«. Deshalb schließe sich jede Zusammenarbeit »mit Institutionen, deren Aufgabe es ist, Volk und Staat in den Ruin zu schreiben« von selbst aus. Eine Partei wie die NPD solle weder Pressemitteilungen (»Munition an den Feind«) verfassen, noch brauche sie Pressesprecher (»Verbindungsoffiziere zum Feind«).

Klaus Beier amüsiert die Bezeichnung »Verbindungsoffizier zum Feind« nicht. Seit Jahren arbeitet er gegen die Boykottstrategie an. Es passt ihm nicht, dass Kameraden am Rande von Parteitagen und Demonstrationen immer wieder Reporter anpöbeln und zuweilen sogar handgreiflich werden. Gemessen am Hass seiner Parteifreunde auf die »Lügenpresse«, klingt es wie ein Affront, wenn Beier halbwegs selbstkritisch sagt: »Vieles, was in den Medien über uns gebracht wird, ist nicht erfunden oder inszeniert.« Mitglieder, die sich »dermaßen ungeschickt« verhielten, müssten sich nicht wundern, wenn sie in den Medien ein schlechtes Bild abgäben.

Die NPD-Mitglieder, fordert er im Vorwort des Pressehandbuchs, sollten sich im Gegenteil als »die geborenen Zulieferer für regionale, aber auch überregionale Medien« sehen. Der Leitfaden empfiehlt den Parteifunktionären an der Basis, die strukturellen Schwächen und die Inkompetenz der Redaktionen auszunutzen: Freie Journalisten, heißt es, seien »oft die besten Multiplikatoren«, weil sie wegen ihrer schlechten Bezahlung häufig unter großem Zeitdruck stünden und Themen mehrfach verwerten müssten. Auch Anzeigenblätter seien strategisch nicht zu unterschätzen: »Wo redaktionelle Arbeit nur als Kostenfaktor gesehen wird, übernimmt man gerne druckreife Nachrichten und Berichte von außen.«

Beiers offensive Pressearbeit ist Taktik, keine grundsätzliche Distanzierung von der Neonazi-Ideologie. Zu Kameradschaften beispielsweise kennt der NPD-Funktionär keine Berührungsängste. Freimütig erzählt er, dass er selbst dem »Bund Frankenland« angehörte – die Neonazi-Kameradschaft beabsichtige laut bayerischem Verfassungsschutz »die Beseitigung des Grundgesetzes, der parlamentarischen Demokratie und die Schaffung eines ›Vierten Deutschen Reichs‹ nationalistisch-rassistischer Prägung«.[6]

Fragt man Beier nach seinen Ansichten über die Presse in Deutschland, referiert der NPD-Funktionär über eine »eingeengte Pressefreiheit« und glaubt in den Chefredaktionen noch »gewisse Nachwehen von 46/47« zu erkennen. So zuvorkommend er sich auch gibt, letztlich verachtet auch Beier die Medien. Dennoch glaubt der NPD-Sprecher, dass Rechtsextreme die Presse brauchen, wenn sie politisch erfolgreich sein wollen. Und zwar auch dann, wenn nur schlechte Nachrichten über sie erscheinen.

Beier sagt, er habe bundesweit nur fünf bis sechs Journalisten auf der »schwarzen Liste«. Statt einer Akkreditierung zum NPD-Bundesparteitag erhalten diese Journalisten auch mal eine schriftliche Ausladung mit der Begründung, sie hätten in der Vergangenheit »im vorauseilenden antifaschistischen Gehorsam die antidemokratischen Phantasien der multikulturalistischen BRD-Obrigkeit Realität werden lassen«. Dass die Exempel, die der NPD-Sprecher dann und wann an einigen Medienvertretern statuiert, parteiintern einen »positiven Nebeneffekt« haben, räumt Klaus Beier ungeniert ein: Sie stellen jene in der NPD zufrieden, denen die offensive Anbiederung an die »Feindpresse« zu weit geht.

Beiers Handlungsanweisungen an die Kameraden sind von geradezu radikalem Pragmatismus: »Das sogenannte Sommerloch ist die Chance für alle wichtigen Inhalte«, heißt es in dem Leitfaden zur Pressearbeit. »Der Zeitpunkt wirkt eher Wunder als der Inhalt. Die Gunst der Sommerzeit lässt sich auch nutzen, um in Form eines Pressegesprächs oder einer Pressekonferenz wichtige Themen des Kreisverbandes oder das anstehende Arbeitsprogramm der Mandatsträger der Kommunalpolitik vorzustellen.« Oder auch: »Anfragen, die an uns gerichtet werden, sind grundsätzlich von uns zu beantworten. Wir sind im Ton freundlich, bedanken uns für das Interesse an unserer Arbeit und versuchen ggf. Wünsche zu erfüllen. Am Telefon melden wir uns mit dem Namen unserer Partei. Wir gehen ans Telefon, wenn jemand anruft. Wenn unser Kontakttelefon nicht zu erreichen ist, dann haben wir zumindest den Anrufbeantworter eingeschaltet und rufen natürlich auch umgehend zurück.«

Tatsächlich ist Klaus Beier nicht gerade wählerisch, wenn sich Journalisten für seine Partei interessieren. Die

Tageszeitung *taz* zum Beispiel kann auf Seite eins titeln »NPD: die Verbrecherpartei«[7] – und ein paar Tage später steht der NPD-Sprecher dem Blatt trotz allem wieder pflichtbewusst Rede und Antwort. »Ob das die *Jüdische Allgemeine* ist, *Endstation Rechts* oder die *Süddeutsche Zeitung*«, sagt er. »Ich spreche grundsätzlich mit allen.«

Auf die Titelseiten der Zeitungen und in die überregionalen Abendnachrichten schafft es Beier mit seiner entgegenkommenden Pressearbeit allerdings meist trotzdem nicht. Die großen Schlagzeilen entstehen anders: Bis vor ein paar Jahren waren es rechtsextreme Wahlerfolge im Osten, die eine Berichterstattungswelle auslösten. Doch offenbar gelten ein paar Neonazis in den ostdeutschen Landesparlamenten inzwischen schon als normal. Dabei könnte die Etablierung der NPD das größere Problem und das relevantere Thema sein als spektakuläre Einmal-Erfolge.

Wenn aber Rechtsextreme in Verdacht geraten, besonders brutal zugeschlagen zu haben, dann wird das ab und zu noch zum großen Pflichtthema für die Redaktionen: Dann werden Live-Schaltungen über die »brutale Nazi-Attacke« organisiert, Experten-Interviews geführt, Politikerstatements eingeholt. Und in den Beratungsstellen für Opfer rechter Gewalt klingelt ein paar Tage lang permanent das Telefon. Journalisten stellen die immer gleichen Fragen: Warum haben die Neonazis ausgerechnet dort zugeschlagen? Ist diese Stadt eine rechte Hochburg? Können wir mal das Opfer persönlich sprechen? Oder: Würden Sie uns für die Talkshow heute Abend schnell noch jemanden vermitteln, der authentisch über seine Opfergeschichte redet?

Der Leiter der Brandenburger Beratungsstelle »Opferperspektive«, Dominique John, hat einige dieser Schockwellen miterlebt. Sie sind in seinem Arbeitsalltag die absolute Ausnahme. Von den mehreren tausend offiziell gezählten Fällen rechtsextremer Gewalt in den vergangenen Jahren schaffte es nur ein Bruchteil überhaupt in die Nachrichten. Rechtsextreme Übergriffe sind einfach viel zu häufig, als dass sich die Medien mit jedem Fall im Detail befassen könnten.

Opferberater John ist allerdings davon überzeugt, dass die Auswahl der Fälle, über die berichtet wird, nicht ganz zufällig passiert: Sie habe natürlich mit der Schwere der Taten zu tun, auch mit den Produktionsbedingungen der Medien (Zeitdruck, Platzmangel, fehlende Fachkenntnis der Journalisten). Aber nicht nur.

Entscheidend sind nach Ansicht Johns auch die Vorstellungen der Redakteure, was eine »gute« Geschichte ausmacht. Und das bedeutet: Ein schwarzer Asylbewerber ist ein beliebteres Sujet als ein »Punk« von der örtlichen Antifa, und der verprügelte Akademiker gilt eher als berichtenswert als der alkoholisierte Hartz-IV-Empfänger. John vermutet, die Themenkarrieren würden von einer makabren »Hierarchie gesellschaftlicher Anerkennung« beeinflusst: Jüdische Opfer seien demnach die begehrtesten Fälle, auf Platz zwei stünden Schwarze, weit unten auf der Rangliste kämen alternative Jugendliche, Linke oder Punks, an letzter Stelle Obdachlose. Das »ideale Opfer«

sollte zudem sozial integriert sein, den Angriff nicht durch seine Haltung oder sein Auftreten provoziert und sich möglichst auch nicht gewehrt haben.[8]

Besonders medientauglich und deshalb begehrt sind also vor allem Opfer, die mehr sind als nur Opfer. So ist es letztlich keine Überraschung, dass die *Zeit* im Sommer 2010 einem jugendlichen Opfer rechtsextremer Gewalt ein komplettes Dossier widmete: Der 17-Jährige ist Jude und mit seiner Mutter aus Israel ins sachsen-anhaltini-sche Laucha gezogen.

Das wohl eindrucksvollste Beispiel der vergangenen Jahre aber ist der Angriff auf Ermyas M. Der 37-jährige Schwarze war im Frühjahr 2006, kurz vor Beginn der Fuß-ball-WM in Deutschland, an einer Potsdamer Trambahn-haltestelle von zwei bis heute unbekannten Tätern als »Nigger« beschimpft und dann mit einem Faustschlag schwer verletzt worden. Die *Bild*-Zeitung titelte empört auf Seite eins: »Glatzköpfe prügelten Familienvater ins Koma!« Während Ermyas M. – noch ohne Bewusstsein – auf der Intensivstation um sein Leben kämpfte, wurde er schnell zum Medienliebling. Man könne »mit ihm wer-ben für dieses Land«, schrieb der *Stern* und listete auf: Er-myas M. sei ein Doktorand und gläubiger Christ, SPD-Mitglied im gleichen Ortsverband wie Manfred Stolpe, ein »fleißiger« Ingenieur mit Einser-Diplom, ein »auffallend« schöner, großer Mann mit »Rastalocken bis zur Hüfte und einem Charme, dem vor allem Frauen gern erlie-gen«.[9] Der Berliner *Tagesspiegel* berichtete knapp eine Woche nach der Attacke: »Bei seinen Freunden gilt er als das verkörperte Verantwortungsbewusstsein«, als jemand, »der vielfach sozial, politisch und sportlich engagiert ist und nie über die Stränge schlägt«. Freunde lobten seine »wunderbare Aura«, ein Busfahrer erinnerte sich an den »sehr höflichen und gepflegten Afrikaner«, den er regelmäßig befördert habe, der Fußballverein Fortuna Babelsberg pries ihn als »intelligenten und gewandten Mittelfeldspieler«, und die Geschäftsführerin eines Potsdamer Kulturvereins versicherte: »Ermyas war wie aus dem Bilderbuch. Er hatte keine geborgte Autorität wie andere Männer. Er war souverän, seine Vorschläge waren realistisch.«[10]

Später berichtete die Ehefrau von Ermyas M. im *Stern*, was sich die Journalisten alles hatten einfallen lassen, um an sie heranzukommen. Noch während ihr Mann im Krankenhaus lag und nicht ansprechbar war, gaben sich die Reporter als alles Mögliche aus: als »gute Freundin, die meine Nummer verlegt« hat, als »alte Freundin, die mich besuchen wollte, aber noch nicht einmal meinen richtigen Namen wusste«. Oder auch »als Rechtsanwälte«. Um der Belagerung durch Kamerateams zu entgehen, sei sie über den Zaun aufs Nachbargrundstück geklettert und habe ihre Wohnung gemieden.

Doch es dauerte nur ein paar Wochen, da galt die öffentliche Debatte nicht mehr dem Alltagsrassismus in Deutschland. Ermyas M. wurde jetzt vorgehalten, er sei in der Tatnacht alkoholisiert gewesen. Er habe die Täter als »Schweinesau« beschimpft, er habe sich vor der Tat nicht nur mit seiner Frau, sondern auch in einer Disco gestritten, in einem Nachtbus gepöbelt und nach den Angreifern getreten. Was von all dem Fakt und was nur Gerücht war – selbst für wirklich Interessierte war das bald nicht mehr zu unterscheiden.

Gut ein Jahr später zog der *Tagesspiegel*, der den Starkult um Ermyas M. mitbetrieben hatte, ein enttäuschtes Resümee der »Geschichte vom edlen Schwarzen, der im gruseligen Osten von Neonazis fast ins Jenseits geprügelt« worden war: »Die Rolle, die ihm zugedacht worden ist – das edle Vorzeigeopfer –, kann der Potsdamer nicht ausfüllen.«[11] Schließlich wurde aus dem bewunderten Opfer gar ein Täter: »Wollte Ermyas M. sich Gelder erschleichen?«, fragte die *Welt*, und die *Bild*-Zeitung schrieb: »Potsdamer Prügel-Opfer ein Betrüger?«[12]

Nach Abschluss des langwierigen Indizienprozesses, der mit einem Freispruch aus Mangel an Beweisen für die zwei Angeklagten endete, verschickte die Nachrichtenagentur *dpa* im Juli 2007 eine Meldung mit dem Titel »Prozess um Potsdamer Attacke belastet Staatskasse« an ihre Kunden und meldete, das erstinstanzliche Gerichtsverfahren habe nach Angaben aus »Justizkreisen« einen »mittleren sechsstelligen Eurobetrag« gekostet. Die *Bild*-Zeitung machte daraus am nächsten Tag: »Ermyas-Prozess kostete halbe Mio.« Und ergänzte besorgt: »(...) die Kosten trägt der Steuerzahler!«

Nach Ansicht der Brandenburger Opferberatung hatte die von den Medien angeheizte Debatte über den Fall des Ermyas M. »sehr nachhaltige, negative Folgen« für Betroffene rassistischer Gewalt. Die Berater erlebten wieder vermehrt, dass Opfer keine Anzeige erstatten wollen: »Häufiger als früher trifft man auf die Haltung, es sei zwecklos anzuzeigen, die Täter würden nicht verurteilt, das Opfer dagegen öffentlich in den Dreck gezogen und selbst für den Angriff verantwortlich gemacht.«[13] Und auch der Leiter der Opferberatungsstelle, Dominique John, fragt sich gelegentlich, ob es überhaupt sinnvoll ist, »eine öffentliche Debatte über eine Gewalttat herzustellen«. Denn manchmal würden in den betroffenen Orten am Ende tatsächlich die Opfer für die hässlichen Schlagzeilen verantwortlich gemacht.

Der Verdacht, dass Ermyas M. aus rassistischen Motiven zusammengeschlagen wurde, ist bis heute nicht juristisch widerlegt. Doch in der öffentlichen Debatte wird der Fall inzwischen gerne als Argument benutzt, um den Umgang von Medien und Politik mit rechtsextremer Gewalt grundsätzlich unter Hysterieverdacht zu stellen. Und zwar nicht nur von der *Jungen Freiheit*, einer Zeitung, die im Graubereich zwischen Konservatismus und Rechtsextremismus angesiedelt ist. Auch *Bild*-Chefredakteur Kai Diekmann stellt in seinem Buch »Der große Selbstbetrug«[14] die Berichterstattung über Ermyas M. in eine Reihe mit dem Medienskandal von Sebnitz, einer sächsischen Kleinstadt, wo Redaktionen von der *Bild* bis zur *taz* im Herbst 2000 einer erfundenen Geschichte über ein angeblich von Neonazis ertränktes Kind aufgesessen waren. »Sebnitz und Potsdam«, schreibt Diekmann, »sind nur zwei Beispiele für den ritualisierten Ablauf, den jeder – auch nur vermeintlich – rechtsradikale Vorfall in Gang setzt.« Nicht nur der Vergleich von Sebnitz und Potsdam ist bemerkenswert. Nähme man Diekmann beim Wort, müsste – bei jährlich ungefähr tausend Gewalttaten von Rechts[15] – der Medienhype zwei- bis dreimal pro Tag ausbrechen.

Für Diekmanns Kollegen Wolfram Weimer, einst *Cicero*-Chefredakteur und nun *Focus*-Chef, ist das kein Grund, an Diekmanns Thesen zu zweifeln. Im Gegenteil: Ihn begeistert Diekmanns »schwungvolle« Abrechnung mit den »Gutmenschen«: »Sebnitz, Potsdam und wohl auch Mügeln sind rückblickend peinliche Beispiele für faule Betroffenheitsreflexe und eine ungerechte Stigmatisierung Ostdeutschlands.«[16] Weimers Gleichsetzung der Ereignisse in Sebnitz, Potsdam und Mügeln ist entweder entsetzlich ahnungslos oder unverschämt. Seit den Übergriffen auf indische Besucher des Mügelner Stadtfestes im August 2007 wurden sieben Angreifer verurteilt, sechs davon rechtskräftig. Die Ermittler taten sich schwer, die Attacken am Rande des Stadtfestes aufzuklären – auch, weil Zeugen mauerten oder logen. Nach Angaben der Staatsanwaltschaft Leipzig wurden zwei Zeugen rechtskräftig wegen uneidlicher Falschaussage verurteilt und einer wegen Meineid. Zwei Beteiligte der fremdenfeindlichen Attacke auf die Inder wurden wegen Volksverhetzung zu Geldstrafen verurteilt, weil sie ausländerfeindliche Parolen wie »Deutschland den Deutschen!« und »Ausländer raus!« gerufen hatten. Gegen zwei weitere Angreifer wurden Freiheitsstrafen verhängt. Wegen gemeinschaftlicher gefährlicher Körperverletzung wurde ein Täter zu einer Geldstrafe verurteilt, ein anderer, dem ebenfalls Volksverhetzung nachgewiesen werden konnte, bekam eine Freiheitsstrafe auf Bewährung, ein angeklagter Jugendlicher kam mit Arbeitsauflagen davon.[17] Wo Weimer im Fall Mügeln »faule Betroffenheitsreflexe« und »eine ungerechte Stigmatisierung Ostdeutschlands« erkennt, verrät er leider nicht.

Wie zufällig fand sich jedoch im Herbst 2007 in Weimers *Cicero* auch eine Passage aus einer Streitschrift des ehemaligen Chefs des Bundesverbands der deutschen Industrie, Hans-Olaf Henkel[18], in der dieser die offiziellen Statistiken über rechtsextreme Straftaten in Zweifel zog: »2006 sollen die Neonazis 12 238 Straftaten begangen haben«, schrieb Henkel und folgerte, dass das »auf den unbefangenen Leser« wirke, »als würde der SA-Mob bereits wieder die Straße beherrschen«. Nach seinem Verständnis ein Trugschluss. Denn der überwiegende Teil der Straftaten seien sogenannte »Propagandadelikte«, zu denen das BKA unter anderem das Zeigen des Hitlergrußes, das Brüllen von SS-Parolen oder das Beschmieren von Synagogen mit Hakenkreuzen zählt. Für Henkel aber sind das bloß »Taten, die keinen normalen Menschen (...) in höchste Aufregung versetzen«. Und selbst die angeblich 726 rechtsextremen Gewalttaten »der gestiefelten Glatzköpfe« findet der ehemalige Industrielobbyist halb so wild. Schließlich dürfte »ein Großteil auf die Auseinandersetzungen mit den noch aggressiveren ›Antifaschisten‹ zurückgehen«. Belege dafür liefert er nicht.

Dass Henkel für seine groteske Argumentation zudem mit falschen, weil vorläufigen und zu niedrigen Zahlen argumentiert,[19] ist durchaus symptomatisch – nicht nur, weil es zeigt, wie stark die Berichterstattung über den rechten Rand in Deutschland ideologisch befrachtet ist. Es ist auch exemplarisch für den häufig laxen Umgang mit Fakten zum Thema.

In den meisten Redaktionen wird mit Statistiken über die rechtsextreme Szene ebenso leichtfertig hantiert wie mit jenen über die Arbeitslosigkeit in Deutschland oder den Klimawandel. Wann immer neue Zählungen rechtsextremer Straftaten in Umlauf geraten, finden sie schnell Verbreitung. Denn aus ein paar neuen Zahlen und einem Vorjahresvergleich können Journalisten leicht eine Nachricht basteln und dem Leser, Zuschauer und Hörer eine scheinbar mathematisch genaue Lagebeschreibung der rechtsextremen Szene in Deutschland anbieten – ohne sich selbst ein Bild von der Wirklichkeit machen zu müssen. Gesellschaftliche Zustände werden bis aufs Zehntelprozent vermessen.

Die Statistiken müssen nicht aussagekräftig sein, sie müssen nicht mal stimmen, um – von den Nachrichtenagenturen zumeist unbearbeitet übernommen – schließlich in allen größeren Tageszeitungen und Online-Portalen zu landen. Meldungen wie »Rassistische Straftaten nehmen zu« oder »Rechtsextreme Straftaten auf Rekordniveau« sind in der Branche so begehrt, dass sich die Medien Wettrennen um ihre Beschaffung liefern. Denn wer exklusiv als Erster neue Zahlen melden kann, wird von den anderen Medien zitiert und sichert sich so nebenbei ein wenig kostenlose Eigen-PR.

Womöglich erklärt das, warum einige Journalisten bewusst vermeintliche Trends als Neuigkeiten ausgeben. Anfang 2010 meldete der *Bild*-Chefkorrespondent Einar Koch auf Seite 2 der *Bild*-Zeitung: »Weniger Gewalttaten von Neonazis.« Die Zahl der rechten Gewalttaten sei »laut Bundeskriminalamt« im Jahr 2009 »erstmals seit sechs Jahren gesunken« – und zwar um 8,5 Prozent bis Ende November. Der Online-Ableger *Bild.de* jubelte gar: »Eine gute Nachricht gleich zu Beginn des neuen Jahres: Rechte Schläger sind offenbar auf dem Rückzug!«

Allerdings war die von der *Bild*-Zeitung verbreitete gute Nachricht nicht mehr als Spekulation. Die Meldung beruhte auf vorläufigen Zahlen – die sich jedes Jahr durch sogenannte »Nachmeldungen« der Sicherheitsbehörden bis zur Veröffentlichung des Verfassungsschutzberichtes im Mai um bis zu 50 Prozent erhöhen. Und das hätte niemand besser wissen müssen als *Bild* und ihr Chefkorrespondent Einar Koch. Denn bereits 2006 hatten sie sich mit einer ähnlichen Meldung über den angeblichen Rückgang rechtsextremer Gewalt hervorgetan.

Schlimmer als derartige *Bild*-Meldungen ist jedoch die Gleichgültigkeit, mit der auch viele andere Redaktionen damit umgehen. Nur wenige Medien leisten sich fachkundige Redakteure, die den Anspruch haben, seriös und hintergründig über das Thema Rechtsextremismus zu berichten. Und so verbreiteten Nachrichtenagenturen die vermeintliche *Bild*-Neuigkeit über die angeblich weniger gewaltbereite rechtsextreme Szene prompt ungeprüft weiter, wenig später fand sich die Nachricht in der Tagespresse und im Internet wieder – unter Überschriften wie »Zahl rechtsextremer Gewalttaten gesunken« (*Rheinische Post*), »Weniger rechtsextreme Gewalttaten in Deutschland« (*welt.de*), »Rechtsextreme Gewalt geht zurück« (*sueddeutsche.de*), »BKA: Rechte Gewalt nimmt ab« (*junge-welt.de*).

Der fünf Monate später vorgestellte Verfassungsschutzbericht konstatierte tatsächlich einen Rückgang der rechtsextrem motivierten Gewalt im Vergleich zum Vorjahr – um 14,5 Prozent auf 891 Delikte. Er bestätigte also, anders als in den Vorjahren, zufälligerweise den von der *Bild*-Zeitung herbeigejubelten Trend.

Doch selbst wenn die Zahl rechter Gewalttaten in Deutschland mal sinkt – was heißt das dann: dass die Gewaltbereitschaft der Rechtsextremen glücklicherweise endlich zurückgeht? Haben womöglich die Präventionsprogramme gegen Rechts geholfen? Grillen inzwischen weniger Schwarze abends an ostdeutschen Badeseen? Hatten mehr Polizisten und Richter keine Lust, sich mit den möglicherweise rechtsextremen Hintergründen von Gewalttaten zu befassen? Sinkt ganz einfach die Zahl junger Männer in Deutschland? Oder wurde die Zählweise mal wieder geändert?

Die verantwortungslosen Zahlenspiele der Medien tragen nicht nur zur Verwirrung der Bürger bei. Sie sind auch Stoff für alle Verschwörungstheoretiker am rechten Rand, die ohnehin glauben, dass die Behörden ihre Statistiken zum Rechtsextremismus manipulieren. So meldete *Politically Incorrect*, das Zentralorgan der Islamhasser in Deutschland, wenig später unter dem Titel »Weil nicht sein kann, was nicht sein darf«: »Die Politik ist in Aufruhr. Aus dem BKA sollen Zahlen gesickert sein, nach denen die Zahl rechtsextremer Straftaten in 2009 rückläufig gewesen sei. Schande über Deutschland! Was wird denn nun aus unserem schönen und überaus wichtigen Kampf gegen Rechts™?« Tenor der Leser-Kommentare: »Linker Terror wird doch sowieso von linken PolitikerInnen gesteuert, die Zahlen rechter Gewalttaten sind seit jeher frisiert.« Beziehungsweise: »Wird das Vorgehen der Polizei gegen linke Straftäter eigentlich auch schon als rechte Straftat gezählt?«

Die oftmals gedankenlose, vorschnelle und skandalfixierte Berichterstattung über Rechtsextreme hat auch politische Folgen. Der Mechanismus ist eigentlich simpel: Je größer die öffentliche Aufregung, desto mehr sehen sich Politiker genötigt, zu reagieren und einfache, eingängige Maßnahmen vorzuschlagen.

So versprachen zum Beispiel vor ein paar Jahren mehrere Landesinnenminister, sie wollten das Versammlungsrecht dahingehend verschärfen, dass rechtsextreme Demonstrationen vor KZ-Gedenkstätten künftig verboten wären. Die Idee klang nicht schlecht – bis die Leiter von Gedenkstätten wie Flossenbürg, Buchenwald, Dachau und Sachsenhausen verwundert anmerkten: Neonazis hätten doch überhaupt noch nie versucht, vor solchen Anlagen aufzumarschieren.[20] Gerne wird auch gefordert, die

NPD dürfe kein Geld mehr aus der staatlichen Parteien-finanzierung bekommen. Wie diese Ungleichbehandlung mit dem Grundgesetz vereinbar wäre, hat allerdings noch kein Politiker schlüssig erklärt. [21]

Der Klassiker unter den Politikerforderungen gegen Rechts ist seit Jahren das NPD-Verbot. Zwar gilt ein neues Parteiverbotsverfahren unter Juristen seit dem Scheitern des ersten Anlaufs im März 2003 als heikles Projekt. Aber Umfragen zeigen: Wer sich für ein NPD-Verbot stark macht, hat zumindest die Mehrheit der Wähler hinter sich. [22] Der Ruf nach einem NPD-Verbot ist für Politiker zudem ein sicherer Weg, in die Presse zu kommen. Monat für Monat bringen die Nachrichtenagenturen Meldungen über solche NPD-Verbotsforderungen, manchmal Dutzende an einem Tag.

Erstaunlicherweise haben die Vorfälle, die eine neue Verbotsdebatte auslösen, oft nicht einmal einen erwiesenen Zusammenhang mit der NPD: Die Hintergründe der Messerattacke auf den Passauer Polizeichef Alois Mannichl im Dezember 2009 beispielsweise sind bis heute ungeklärt, waren aber Anlass für neue Forderungen nach dem NPD-Verbot. Selbst der Anschlag auf eine Gruppe jüdischer Einwanderer aus der ehemaligen Sowjetunion an einer Düsseldorfer S-Bahn-Haltestelle im Sommer 2000, der im ersten (erfolglosen) NPD-Verbotsverfahren mündete, ist bis heute völlig ungeklärt.

Die Frage nach der Notwendigkeit eines neuen NPD-Verbotsverfahrens ist natürlich nicht per se unsinnig. Es gibt gute Gründe dafür. Und die Liste der Verbotsbefürworter ist lang und unübersichtlich: Bayerns Ministerpräsident Horst Seehofer (CSU), der Präsident des Fußballclubs Hannover 96, Martin Kind, der Kabarettist Dieter Hildebrandt, Berlins Regierender Bürgermeister Klaus Wowereit, Ex-Bundeskanzler Gerhard Schröder und Doris Schröder-Köpf. Nicht weniger bunt gemischt ist allerdings auch die Gruppe jener, die vor einem NPD-Verbotsverfahren warnen.

Meist wird die Debatte in der Öffentlichkeit ebenso reflexhaft wie oberflächlich geführt. Derweil sammeln nicht weniger als 17 Verfassungsschutzbehörden kontinuierlich Informationen über die NPD und die übrige rechtsextreme Szene. Der Staat lässt sich ihre Beobachtung durch den Inlandsgeheimdienst von Bund und Ländern im Jahr rund 15 Millionen Euro kosten.[23] Doch der Präsident des Bundesamtes für Verfassungsschutz, Heinz Fromm, schweigt zum Thema NPD-Verbot, zumindest öffentlich. Er sei Behördenchef und kein Politiker, sagt er.

Und so läuft die Diskussion eben ohne ihn und die – möglicherweise erhellenden, aber streng geheimen – Erkenntnisse seiner Behörde weiter. Der NPD-Sprecher Klaus Beier sagt zu dem Streit um ein Verbotsverfahren gegen seine Partei: »Und täglich grüßt das Murmeltier.« Er grinst. Die Aufmerksamkeit, die das Verbotsverfahren 2001 der NPD bescherte, habe »alle bekannten Dimensionen gesprengt«, erzählt er dann. An manchen Tagen habe er damals drei bis vier Kamerateams aus aller Welt in der Köpenicker Parteizentrale begrüßt. So seien die drei

Buchstaben NPD heute genauso bekannt »wie jede andere normale Partei«.

Das klingt übertrieben. Die Frage, ob die Endlosdebatte über das NPD-Verbot den Rechtsextremen am Ende sogar nützt, ist aber durchaus berechtigt. Wenn man sich mit Wählern, zumal in der ostdeutschen Provinz, über die NPD unterhält, hört man immer und immer wieder dieselben Argumente: Wäre die NPD wirklich schlimm, dann würde ja über ihr Verbot nicht nur diskutiert, es wäre längst umgesetzt worden. Und: Die NPD sei ja nicht verboten worden, sondern eine »zugelassene Partei«, daher sollten sich die Politiker anderer Parteien nicht beklagen, wenn die NPD auch gewählt werde.

Wie populär diese Sichtweise in manchen Regionen ist, zeigte sich in einigen Dörfern im äußersten Osten Mecklenburg-Vorpommerns. Im Herbst 2006 bei der Landtagswahl erreichte die NPD in Postlow, einer 400-Einwohner-Gemeinde bei Anklam, ihr bestes Ergebnis überhaupt. 38,2 Prozent stimmten für die rechtsextreme Partei. Deutscher Rekord! Postlows Bürgermeister Norbert Mielke hat nicht vergessen, wie Journalisten, Fotografen und Kameraleute am Tag nach der Wahl in sein Dorf eilten: »Unmengen waren das – bis hin zu Franzosen!«, erzählt er. Postlow galt plötzlich über die Grenzen hinaus als rechtsextremes Nest. »NPD-Hochburgen: Triumph im toten Winkel der Republik«, titelte *Spiegel Online,* »Neonazis – angekommen im Niemandsland«, die *Stuttgarter Zeitung,* und die *Frankfurter Rundschau* berichtete direkt aus dem »Funkloch der Demokratie«.

Wer damals so alles am Ende der Dorfstraße vor seinem Gehöft stand und ihn befragen wollte, das kann der parteilose, ehrenamtliche Bürgermeister längst nicht mehr sagen. Er weiß nur, dass Fotografen damals Bilder vom Ortsschild machten, die Fernsehleute die NPD-Plakate an den Laternenmasten filmten und die Reporter Erklärungen von ihm verlangten. Im Fernsehen überboten sich Politiker derweil bereits mit Vorschlägen, was nun dringend passieren müsse draußen im rechtsextremen Katastrophengebiet. So eine Aufregung um ihr Dorf hatten die Leute noch nicht erlebt. Kaum ein Journalist interessierte sich für den Nachbarort Blesewitz, wo immerhin auch 32,2 Prozent für die NPD gestimmt hatten. Niemand für Neuenkirchen, ein paar Kilometer weiter, mit 30,1 Prozent NPD-Wählern. Postlow war das Rekorddorf. Ein paar Tage hielt der Spuk an. Dann war es wieder so still wie zuvor.

Nur im Januar 2009, als der Verkehrsminister Volker Schlotmann (SPD) aus Schwerin für eine Stippvisite nach Postlow kam, hätten sich nochmal einige Reporter sehen lassen, erinnert sich der Bürgermeister: »Aber das war ja auch schon wieder so ein medienwirksames Ding.« Die SPD habe sich wohl »mal in einem rechten Wespennest zeigen« wollen.

Auch nach der Landtagswahl 2006 erzielte die NPD in Postlow bemerkenswerte Ergebnisse.[24] Aber für die Medien war der Ort kein Thema mehr. Als bei der Kommunalwahl 2009 zum ersten Mal ein Neonazi in den Postlower Gemeinderat einzog, stieß das nicht mal mehr in der

Region auf besonderes Interesse. Er hatte ja auch kein NPD-Parteibuch.[25]

Norbert Mielke, 56 Jahre alt und Geflügelzüchter im Hauptberuf, hat bei der letzten Bürgermeisterwahl 95 Prozent der Stimmen bekommen. Es ist seine dritte Amtszeit. Die Leute im Ort schätzen Mielkes direkte, handfeste Art. Er lässt nichts auf seinen Ort kommen. Auch nicht auf Ralph Städing, den Neonazi im Postlower Gemeinderat. Städing habe einen »sehr guten Draht zu den Jugendlichen« im Ort, lobt Mielke, und setze sich für deren Belange ein: »Der fragt nicht lange: Wo er gebraucht wird, da geht er auch hin – ohne Wenn und Aber.« Und weil der junge Handwerker nun offiziell im Gemeinderat sitze, »haben wir ihn auch ein bisschen in der Pflicht«, glaubt Mielke.

So gut kommen die Medien bei Norbert Mielke nicht weg. Es ist Winter in Postlow, und Mielke hat sich bereits seit drei Uhr früh um den Räumdienst in seiner Gemeinde gekümmert. Man kann den vielen Schnee schön finden. Aber die Nachrichten sind voll von Katastrophenmeldungen über das »Winterchaos in Deutschland«.Für Mielke sind das die üblichen Sensationsberichte. »Mal ist es das Schneechaos«, glaubt er, »mal sind es die Rechten.« Die Presse sei inzwischen nicht mehr gern gesehen in Postlow. Bei einigen Leuten sei ein »richtiger Hass« auf die Medien entstanden, sagt Mielke. Nicht nur wegen der schlechten Presse über den Ort, sondern auch, weil die Journalisten mit fixen Vorstellungen nach Postlow gekommen seien und sich gar nicht für die Hintergründe des Wahlergebnisses interessiert hätten. An den Einstellungen der Post-lower habe der Medienrummel im Herbst 2006 letztlich nichts geändert. »Wer sich dazu bekennt«, sagt Mielke und meint damit die NPD, »der tut das auch weiter.«

9 | KRAMPFER

Hitlers Ufos suchen ein Zuhause

Rings um das Schloss glitzert der knietiefe Schnee in der Mittagssonne. Ein Kaninchen und ein paar Vögel haben hier ihre Spuren hinterlassen. Im Garten, neben dem Anwesen mit seinen Türmchen und Portalen, steht ein alter Wohnwagen, die Tür halb offen, als käme gleich jemand zurück. Doch auch um den Wohnanhänger schmiegt sich der unberührte Schnee in glatten Wellen. Seit Monaten hat niemand mehr den alten Gutshof aus dem frühen 19. Jahrhundert neben der Dorfkirche von Krampfer betreten. Still liegt der langgestreckte, zweigeschossige Bau hinter einem rostigen Maschendrahtzaun. Die meisten Fensterscheiben sind kaputt, einige mit Holzbalken verrammelt, am neobarocken Turm ist der graue Putz großflächig bis aufs Mauerwerk abgeblattert.

Nur ein grünes Siegelband der Polizei, das in breiten Streifen quer über die Eingangstür geklebt ist, erinnert an das, was genau ein Jahr zuvor in diesem winzigen Backsteindorf tief in der brandenburgischen Provinz seinen Anfang nahm. Eine Unternehmung, die die Phantasie der Nachbarn im Dorf herausforderte. »Fürstentum Germania« hieß das Projekt und verstand sich als völkerrechtlich souveräner Mikro-Staat mit dem rostigen Maschendrahtzaun ums Gutshofgelände als Staatsgrenze zur Bundesrepublik Deutschland. Ein Augsburger Taxifahrer namens Michael Freiherr von Pallandt hatte das baufällige Anwesen kurz zuvor für 69 000 Euro beim Online-Auktionshaus Ebay rechtmäßig ersteigert – und galt den Schloss-Bewohnern nun als Staatsoberhaupt. Doch drei Monate später war es mit dem »Fürstentum« schon wieder vorbei. Aus baurechtlichen Gründen wurde es von der Polizei geräumt. Die Bewohner leisteten keinen Widerstand.

Kerstin Süske seufzt, als sie nun, ein Jahr nach der Gründung des »Fürstentums«, die Kladde auf den Küchentisch legt. Zwischen den Pappdeckeln steckt ein fünf Zentimeter dicker Stapel mit Papieren, die sie im vergangenen Frühjahr sammelte. Material über ihre merkwürdigen neuen Nachbarn. »So eine seltsame Mischung von Leuten hatte ich in meinem ganzen Leben noch nicht gesehen«, versichert die Theaterpädagogin. »Das war, als wäre ein Ufo hier ins Dorf geknallt!«

Die Süskes wohnen im alten Pfarrhaus von Krampfer, direkt gegenüber vom Schloss. Großstadtflüchtlinge aus Ostberlin, die mit Kulturprojekten in der Prignitz ihr Leben bestreiten. Im vergangenen Februar steckte in ihrem Briefkasten ein Einladungszettel in fröhlichem Orange. »Ein HERZliches Hallo an allen kleinen und großen Mitmenschen«, stand auf dem Papier: »Vielleicht habt ihr Euch schon gefragt, was in letzter Zeit im Schloss Krampfer los ist.« Um Vorurteilen vorzubeugen, seien alle herzlich zu einer »Info- und Planungsveranstaltung für das Projekt Germania« eingeladen: »Wir wollen FRIEDEN, FREIHEIT, FÜLLE und FREUDE vorleben und jedem Menschen zugänglich machen.« Kerstin Süske hat den Zettel aufgehoben. »Frieden und Freiheit«, wiederholt sie. Das sei alles so was von aufgesetzt gewesen.

Kerstin Süske war erstmal ratlos, wie alle im Dorf. Einige der neuen Schlossbewohner sahen aus wie Hippies. Sie trugen Ponchos und Rastalocken und erzählten von ihren Plänen, ökologischen Hanfanbau zu betreiben und ohne Geld zu wirtschaften. Süske war das zunächst nicht fremd: Alternative Kommunen mit ungewöhnlichen Gemeinschaftskonzepten gibt es in der Region auch anderswo. Nicht mal der Name »Fürstentum Germania« erschien den Leuten in Krampfer verdächtig, schließlich findet sich in der Prignitz ja auch ein »Hotel Germania« und, im nahegelegenen Perleberg, sogar ein Germania-Hügel.

Ab und zu aber kreuzten ältere Herrschaften auf dem Gutshofgelände in Krampfer auf, viele Männer, die schlecht gekleidet waren. Einige von ihnen kamen auch zur Infoveranstaltung für die Dorfbewohner, die im alten Festsaal des Schlosses stattfand. Ein Herr im Anzug begrüßte Kerstin Süske: »Willkommen in der Heimat!« Süske lacht kurz auf. »Heimat!« Am Ende der Versammlung war ihr klar: »Da musst du genauer hinschauen.«

In den Wochen nach der »Info- und Planungsveranstaltung« verbrachte Kerstin Süske viel Zeit am Computer. »Ich war ja zeitweise fast nur noch im Internet«, sagt sie.

Dort fand sie auch ein fünfeinhalbminütiges Amateur-filmchen, das die neuen Schlossbewohner ins Netz gestellt hatten: Das grobpixelige »Gründungsvideo« zeigt putzige Hundewelpen im Schlossgarten, daneben geparkte Jeeps, Mittelklasselimousinen und betagte Kleinwagen mit Münchner, Berliner und anderen Kennzeichen. Unterlegt ist das Video mit einer trägen Dudelsack-Melodie, der Hymne dieses »Fürstentums«. Man sieht, wie jemand die braun-rot-gelbe »Staatsfahne« über die Eingangstür nagelt, und schließlich geht es hinein in den kargen, provisorisch bestuhlten Festsaal. Dort ringt Freiherr von Pallandt, ein älterer, untersetzter Mann mit weißem Hemd und zu kurz gebundener, dunkler Krawatte unterm Sakko, um einen weihevollen Tonfall: »... und somit rufe ich das Fürstentum Germania am heutigen Tage aus!« Trotz der ungelenken Rede applaudieren die Anwesenden heftig, fast ungestüm. Dass sich auch die örtliche Polizei für den Termin interessierte und mit einem Streifenwagen vor Ort war, wird im Video mit der Einblendung des Wortes »Polizeischutz« kommentiert. Unterlegt ist die Szene mit dem kurzen Knattern eines Maschinengewehrs.

Bei ihrer Suche nach Erklärungen stieß Kerstin Süske auf eine ihr völlig unbekannte Parallelwelt, für die es nur ein unzulängliches Schlagwort gibt: rechte Esoterik. Diese teils revisionistische, teils eskapistische Misch-Szene, die sich seit den 80er Jahren entwickelt und vernetzt (und längst auch den Verfassungsschutz beschäftigt[1]), hatte mit dem »Fürstentum Germania« erstmalig in ihrer Geschichte eine reale Heimstatt gefunden – in Krampfer, unmittelbar vor dem Jugendzimmerfenster der Tochter von Kerstin Süske.

Wer den Versuch unternimmt, die komplexen Welten der Rechtsesoteriker zu durchdringen, kann sich im Theorie-Wirrwarr aus Halbwahrheiten, Pseudowissenschaft, Antisemitismus und komplettem Nonsens schnell verirren. Selbst die zentralen Ideen der Szene sind so ausufernd, dass sie sich kaum zusammenfassen lassen.

Ein möglicher Ausgangspunkt wären die sogenannten »Reichsflugscheiben«. Angeblich hat Adolf Hitler diese Fluggeräte, die aussehen wie die klassische fliegende Untertasse aus frühen Science-Fiction-Filmen, kurz vor Ende des Zweiten Weltkriegs bauen lassen. Ausgestattet mit einem geheimnisvollen Antrieb (bei dem es sich möglicherweise um einen »Thule-Tachyonator« handelt), sollen diese Flugscheiben bis zu 40 000 Stundenkilometer schnell und »100 % weltallfähig« sein. Schließlich stamme die Technik ursprünglich von den Ariern, einer gottgleichen, blonden, blauäugigen Spezies, die eigentlich auf Planeten im Sternensystem Aldebaran beheimatet sei und ihr überlegenes Wissen bei einem Besuch der Erde mit den Nationalsozialisten geteilt habe. Im Internet kursieren neben eindrucksvollen Illustrationen (startende Flugscheibe vor Gestapo-Auto, Formationsflug über einer romantischen Flusslandschaft) auch unscharfe Fotos und Bauzeichnungen der Flugscheiben. Denn anders als uns die Nachkriegsgeschichtsschreibung weismachen wolle, hätten sich Hitler und die SS-Elite zum Kriegsende nicht etwa in den Führerbunker in Berlin zurückgezogen, sondern seien mittels Flugscheibe zum Südpol entkommen – genauer: auf ein 600000 Quadratkilometer großes Antarktis-Gebiet namens »Neuschwabenland«. Und weil die Erde – wie übrigens alle Planeten und Monde – ohnehin hohl sei, bereite Hitler auf einem unterirdischen Nazi-Stützpunkt seine Rückkehr vor, mit der spätestens um 2050 zu rechnen sei.

Doch das ist längst nicht alles: Hitlers Rückkehr werde auch das Interimsdasein der Bundesrepublik beenden, die eine von den westlichen Alliierten kontrollierte »Bundesrepublik Deutschland Finanz GmbH« mit Sitz in Frankfurt a. M. sei. Das, so glauben die Anhänger dieser »BRD GmbH«-Theorie, habe immerhin den Vorteil, dass man eigentlich weder das Knöllchen fürs Falschparken noch Steuern zahlen müsse.

Tatsächlich muss sich die deutsche Justiz immer wieder mit obskuren Anträgen beschäftigen, weil rechts-esoterische Hobbyjuristen glauben, sich der bundesdeutschen Rechtsprechung entziehen zu können. Aus ihrer Sicht werden die Regierungs- und Amtsgeschäfte für Deutschland nämlich ohnehin seit mindestens 25 Jahren im Untergrund und Ausland weitergeführt: von »Kommissarischen Reichsregierungen«, die demnächst auch wieder offiziell die Regierungsgewalt übernehmen sollen. Angeblich »rechtsgültige« Personenausweise und Führerscheine/Fahrerlaubnisse kann man bereits jetzt von der »Reichsmeldestelle der Exilregierung Deutsches Reich« gegen eine Gebühr von »100 DM« (ca. 50 Euro) bekommen oder alternativ für »60 Mark« (ersatzweise 30 Euro) von der »Reichsdruckerei des Reichsamts Deutsches Reich« – ganz modern per Internetbestellung.

Der deutsche Personalausweis hingegen ist für die sogenannten »Reichsdeutschen« ein Beweis für ihre Verschwörungstheorie von der »BRD GmbH«: Die grafische Gestaltung der Ausweis-Rückseite zeigt, um 180 Grad gedreht, mit etwas Phantasie das stilisierte Abbild eines ziegenköpfigen Dämons, eines »Baphometen«, was als höhnischer Fingerzeig des »Weltjudentums« verstanden wird, das hinter dem illegalen Gebaren der »Besatzungs-Republik Deutschland« stecke und nichts Geringeres als die Weltherrschaft anstrebe! Bereits im Jahr 1773 nämlich habe sich im Haus des Münz- und Antiquitätenhändlers Mayer Amschel Rothschild in der Frankfurter Judengasse heimlich ein Dutzend einflussreicher jüdischer Geldgeber getroffen und einen Geheimplan entwickelt, wie sie durch drei Weltkriege bis zum Jahr 2000 den Weg für ihre »Eine-Welt-Regierung« ebnen könnten – mit Gewalt und Manipulation (nachzulesen in den »Protokollen der Weisen von Zion«).

Die Rechtsesoteriker sind überzeugt, dass das »Weltjudentum« zu perfiden Mitteln greift. So würden beispielsweise Flugzeuge, getarnt als gewöhnliche Passagiermaschinen, in 6000 Metern Höhe Chemikalien, vermutlich eine Aluminium/Barium-Lösung, versprühen, die sich mit geschultem Blick an den (im Gegensatz zu normalen Kondensstreifen) unnatürlich lange am Himmel sichtbaren, dickflockigen »Chemtrails« erkennen lassen sollen – und für die Erderwärmung ebenso verantwortlich gemacht werden wie für Schlafstörungen, erhöhte Feinstaubwerte und den Einsturz der Eissporthalle in Bad Reichenhall im Januar 2006. Und nicht nur das: Bei GrippeSchutzimpfungen werden Krankheitserreger, Giftstoffe, womöglich sogar Mikrochips unter die Haut gespritzt; Tetanus-Impfungen machen Frauen unfruchtbar; Chemotherapien machen krank; das Aids-Virus ist nichts weiter als eine Art Biowaffe. Und die Vogelgrippe auch.

Rettung hingegen bringe allein die von der »jüdischen Schulmedizin« unterdrückte »Germanische Neue Medizin« (GNM), die fast alle Erkrankungen als körperliche Reaktionen auf innere Konflikte des Kranken begreift, Brustkrebs beispielsweise als Folge von Schuldgefühlen und Verlustängsten wegen eines verunglückten Kindes. Geheilt wird in der GNM per »Confliktolyse« oder, vereinfacht formuliert, mittels Selbsteinsicht. Und »Germanisch« heißt die GNM nur deshalb, damit sie nicht eines Tages »Jüdische Neue Medizin« genannt wird. Sagt jedenfalls der GNM-Erfinder.[2]

So weit, grob zusammengefasst, das Weltbild der Rechtsesoterik.

Natürlich ist alles noch viel komplizierter. »Weltjudentum« zum Beispiel sagen die wenigsten, die an so etwas glauben. »Israel«, »USA«, »USIsrael«, »die Rothschilds« reicht vollkommen. Oder auch nur »ein paar sehr greifbare Personen«. Zudem ist, wer sich in seiner Freizeit mit Chemtrails oder der Aids-Lüge beschäftigt, recht schnell Experte – einer von vielen in einem Universum voller Endlos-Kontroversen und »Originaldokumenten«.

Die einzelnen Themengebiete der rechten Esoterik überlappen – und nicht alles daran ist kompletter Mumpitz. Die »Protokolle der Weisen von Zion« beispielsweise gibt es wirklich: Sie sind allerdings eine antisemitische Fälschung.[3] Und »Neuschwabenland« liegt tatsächlich in der Antarktis. Das Gebiet südlich des Atlantiks wurde 1939 von einer deutschen Expedition entdeckt, vermessen und von der Expeditionsleitung (in Anlehnung an den Namen des Expeditionsschiffs »Schwabenland«) »Neuschwabenland« getauft. Verbürgt ist außerdem, dass deutsche Konstrukteure gegen Ende des Zweiten Weltkriegs ein propellerbetriebenes Experimentalflugzeug mit ungewöhnlichen (scheibenförmigen) Tragflächen bauten, das 1944 bei Startversuchen immerhin ein paarmal für wenige Meter vom Boden abhob. Testpiloten nannten es »Fliegender Bierdeckel«. Ebenfalls erfolglos wurde während des Krieges in Prag und danach offenbar auch in den USA mit scheibenartigen Fluggeräten experimentiert.

Die mageren Fakten genügen den rechts-esoterischen Hobby-Spezialisten bis heute als zentrale Bezugspunkte für ihre weltumstürzlerischen Theoriegebilde. Erstaunlicherweise taugen sie nicht nur zum Weitererzählen unter Gleichgesinnten im kleinen Kreis. Im Gegenteil: Am 6. Dezember 2004 präsentierte die *Bild*-Zeitung ihren über 10 Millionen Lesern in großen Lettern »Hitlers geheime UFO-Pläne« – mit einem entschlossen dreinblickenden Hitler und einer als »Prototyp« bezeichneten Flugscheibenphantasiezeichnung mit aufgemaltem deutschem Hoheitszeichen[4] auf der Titelseite. Im *Bild*-Artikel selbst finden sich »neue, größenwahnsinnige Details über Hitlers letzte Hoffnung«, aber keine Hinweise auf die rechtsextremen Verschwörungstheorien, die untrennbar mit dem Thema verbunden sind. In der Szene wurde der *Bild*-Artikel wohlwollend aufgenommen – als weiterer Beweis.

So ist es meistens: Wenn die eher unauffällige und abseitig erscheinende rechte Verschwörungsszene eine breite Öffentlichkeit findet, dann dort, wo man es nicht erwarten würde. Exemplarisch ist der Fall des 1939 geborenen Geschichtslehrers, Buchautors und Verlegers Trutz Hardo Hockemeyer. Er kann seit den 90er Jahren auf eine beachtliche Medienkarriere als »Reinkarnationsexperte« zurückblicken: Die Sat.1-Talkmasterin Margarethe Schreinemakers ließ sich von ihm 1994 vor laufender Kamera »rückführen« (»Ich hieß Barbara Landmann, lebte um 1700 und wäre fast verhungert!«), drei Jahre später dann auch RTL-Moderator Jörg Draeger. 1996 besuchte die *Bild*-Zeitung ein »Rückführungs-Seminar« Hockemeyers (»weiße Haare, gütiges Gesicht, Regenbogen-Pulli«), 2001 dann die Tageszeitung *taz*, 2005 das ARD-Magazin »Polylux«. Und noch 2006 wurde Hockemeyer von der *Bild*-Zeitung »exklusiv« als »Rückführungsexperte« beschäftigt. Überschrift auf der Titelseite: »Der große BILD-Test: Haben auch Sie schon mal gelebt?«

Was in keinem der Beiträge, ob sensationsheischend, mitfühlend oder satirisch distanziert, Erwähnung fand: Hockemeyer wurde im Jahr 2000 rechtskräftig wegen Volksverhetzung und Beleidigung des Andenkens Verstorbener verurteilt. Der hessische Landesverband der jüdischen Gemeinden hatte vier Jahre zuvor Anzeige gegen ihn erstattet, weil er in dem kurz zuvor erschienenen, inzwischen bundesweit indizierten esoterischen Buch »Jedem das Seine« den Holocaust verharmlose. Der Titel des Buchs ist eine ausdrückliche Anspielung auf die Losung am Eingang des KZ Buchenwald. In dem Werk hatte Hockemeyer, wie er es selbst formuliert, das »Karmagesetz« auch auf den Holocaust angewendet. In der Urteilsbegründung des Gerichts heißt es jedoch: »Mit seinem Buch rechtfertigt der Angeklagte im Nachhinein die grausamen und massenhaften Judenvernichtungen im Dritten Reich (...). Der Angeklagte spricht beispielsweise Hitler (...) von individueller Schuld frei und bezeichnet ihn als einen Vollstrecker eines ewig geltenden schicksalhaften Ausgleichs, genannt Karma.« Indem Hockemeyer »dem Leser suggeriert, die unter der Herrschaft des Nationalsozialismus ermordeten Juden hätten damit nur ihre bösen Taten aus früheren Leben freiwillig abgebüßt, und dies als die einzige Erklärung für die Judenvernichtung des Nationalsozialismus gelten lässt«, mache er »die Opfer (des Holocaust) zu Tätern (eines früheren Lebens)«. Seine Behauptung, die KZ-Opfer hätten, vereinfacht ausgedrückt, »selbst den Holocaust zu verantworten«, befand das Gericht »gerade in der heutigen Zeit mit der Gefahr des Wiederaufflackerns nationalsozialistischen und rechtsextremistischen Gedankengutes« als »geeignet, das politische Klima in der Bundesrepublik Deutschland zu vergiften«.

Doch während der leichtfertige Umgang mit Hockemeyer das öffentlich-rechtliche Magazin »Polylux« und die *Bild*-Zeitung in die Kritik brachten[5], tourt Hockemeyer noch immer mit fragwürdigen »Gruppenrückführungs«- und »Supersurfing«-Seminaren durch Deutschland. Und wer beispielsweise beim »großen Reisemarkt« webtravel.at[6] eine Nepal-Reise bucht, darf sich nicht wundern, wenn Volksverhetzer Hockemeyer mitreist und vor Ort eine »Ausbildung zum Rückführungs-Leiter/-Therapeuten« durchführt. Dem Antisemitismus-Vorwurf sieht sich Hockemeyer selbst zu Unrecht ausgesetzt. Sein Buch »Jedem das Seine« sei »das projüdischste literarische Werk deutscher Literatur seit Lessings Nathan der Weise«[7] und ein »›Kniefall‹ vor dem jüdischen Volk« wie der Kniefall Willy Brandts 1970 vor dem Mahnmal des Ghetto-Aufstandes in Warschau – nicht zuletzt deshalb, weil er selbst in einem früheren Leben ein polnischer Jude gewesen sei (der im 17. Jahrhundert »in einem Holocaust« habe sterben müssen). Verantwortlich für seine Verurteilung und öffentliche Ächtung sei »der Judenkomplex der Deutschen«.

Derartige Rechtfertigungsstrategien sind in rechtsesoterischen Kreisen keine Seltenheit. Beständig distanzieren sich die Akteure mehr oder weniger inbrünstig vom Verdacht der Judenfeindlichkeit, des Rassismus und des Rechtsextremismus. Im »Fürstentum Germania« im brandenburgischen Krampfer lautete das Bekenntnis »Wir sind weder rechts noch links, sondern vorn!« (in Anspielung auf eine Parole aus den Anfangstagen der Grünen). Ganz ähnlich formulieren es auch andere – allen voran der vom Verfassungsschutz als »rechtsextremistisch«[8] bezeichnete Buchautor und Verleger Jan Udo Holey: »Mein Weltbild«, so Holey auf seiner Homepage, »unterscheidet nicht zwischen ›links‹ und ›rechts‹ in der Politik, sondern zwischen ›Wahrheit‹ und ›Lüge‹.« Zur Wahrheit gehört für ihn unter anderem, »dass sog. Neonazis bezahlt werden, um gewisse ›Schandtaten‹ auszuführen«.

Der 1967 geborene Holey, in dessen Verlag Ama Deus auch »Karma«-Experte Hockemeyer publizierte, ist unter dem Pseudonym »Jan van Helsing« einer der Stars der Szene. Als Netzwerker und Verleger ebenso wie als Autor. Über sein verschwörungstheoretisches Œuvre urteilt er selbst geradezu verschmitzt, es werde »möglicherweise nie ans Tageslicht kommen, was an diesen Theorien wahr oder erfunden ist«. Sein Buch »Geheimgesellschaften und ihre Macht im 20. Jahrhundert«, das er als 26-Jähriger verfasste, verkaufte sich trotzdem über 100 000-mal – bis es 1996 wegen Volksverhetzung bundesweit beschlagnahmt und indiziert wurde[9].

Die Staatsanwaltschaft Mannheim nannte Holeys »Geheimgesellschaften«, das auf knapp 380 Seiten das rechtsesoterische Weltbild in all seiner Vielschichtigkeit ausbreitet, eine »durchgängig antisemitische Schrift«, die dazu dienen solle, »emotional feindselige Haltungen unter anderem gegenüber den in der Bundesrepublik Deutschland lebenden Juden zu erwecken und zu schüren, in bewusster Verdrehung historischer Tatsachen, unter anderem zur Begründung der Thesen, die Juden strebten die Weltherrschaft und die Zerstörung Deutschlands an, gestützt auf sachliche Unwahrheiten, unter Verwendung entstellter, erfundener oder nicht nachvollziehbarer Zitate«.[10]

Das Fazit des renommierten »Informationsdienst gegen Rechtsextremismus« fiel anders aus: Holey sei mit seinen Büchern »der wohl bedeutendste Coup des Rechtsextremismus nach 1945« gelungen.

Die rechte Esoterik ist vermutlich nicht zuletzt deshalb so erfolgreich, weil sie die verschiedensten Milieus anspricht. Die Giftigkeit von Kondensstreifen am Himmel beispielsweise kann beim rechtsextremen Kameradschaftsabend in der Provinz ebenso diskutiert werden wie an der Kasse der esoterischen Buchhandlung in der Großstadt. Sogar auf der Website des Grünen-Ortsverbands Glashütten im Taunus findet sich in der Rubrik »Klimawandel« ein Artikel mit der Überschrift »Die Zerstörung des Himmels durch ›Chemtrails‹«, in dem es heißt: »Im Rahmen eines US-Projektes sprühen Flugzeuge eine gefährliche Aluminium-Mischung in den Himmel, auch in Europa.« Niemand löscht ihn. Der Text wird im Internet mit ausdrücklichem Verweis auf seine unverdächtige Quelle zahllose Male verlinkt und zitiert. Die Popularität der Rechtsesoterik hat offenbar auch die NPD erkannt und bedient diese Klientel. Der Online-Versand der NPD-Zeitung *Deutsche Stimme* vertreibt Fan-Schals, Tassen, »T-Hemden«, Aufkleber, Kapuzenjacken und »Gesinnungsknöpfe«[11] mit »Neuschwabenland«-Schriftzug und Bücher zum »Mythos Neuschwabenland«.

Mit ihren diffusen Theorien bietet die rechte Esoterik

außerdem Anknüpfungspunkte für anti-amerikanistische wie anti-kapitalistische Einstellungen, sie bedient Ufo-Gläubige, Umwelt-Aktivisten, Alternativmedizin-Interessierte und andere gemeinhin eher Linksliberale ebenso wie Hobby-Historiker, Querulanten und Tüftler. Wer vom Ausgang des Zweiten Weltkriegs, vom deutschen Rechts- oder Sozialsystem enttäuscht ist, findet ebenso Bestätigung und Gleichgesinnte wie der Wiedervereinigungs-Verlierer.

Und so beschreibt auch Kerstin Süske im brandenburgischen Krampfer das »Fürstentum Germania« rückblickend als unübersichtlich: Die »Reichsgrenze« zur Gutshof-WG war für jeden offen, erinnert sich Süske. Drinnen sei alles zwar ein bisschen chaotisch zugegangen, aber auch hübsch und gemütlich. Die Neuen im Dorf wirkten wie eine abenteuerlustige, liebenswerte Clique. Im Garten grasten ein paar Schafe, das Notstromaggregat knatterte, die Hunde tollten herum und manchmal auch Kinder. Die Leute, die im Schloss wohnten, hackten Holz für die Nachbarn im Dorf, packten mit an, als ein Sturm Bäume über die Wege geblasen hatte, und zum Dank wollten sie nicht mal Geld, sondern waren zufrieden, wenn sie ein Brot bekamen oder auch mal ein Zicklein. »Jesus« nannten die Leute in Krampfer einen der Siedler. Dem Sohn der Süskes hat er einen selbstgebastelten Bumerang geschenkt.

»Nette, junge Leute, über die man sich erstmal keine Gedanken gemacht hat«, sagt Kerstin Süske heute. »Die haben immer die Demokratie raushängen lassen, aber letztlich war das alles zutiefst doktrinär. Man konnte mit denen nicht reden.« Aus der Ferne betrachtet, hätte das Spektakel ja durchaus eine parodistische Seite gehabt: »Aber für uns hier war das Ernst, bitterer Ernst. Das war wirklich gruselig. Dramatisch, hochdramatisch. Wer schützt dich davor, dass rechte Machtträumer dein Dorf übernehmen?«

Bald hatte Süske herausgefunden, dass im Schloss neben den versponnenen Ökos auch weniger harmlose Leute mitmischten. Aus ihrer »Fürstentum«-Mappe zieht sie ein kompliziertes, mit handschriftlichen Notizen ergänztes Schaubild, mit dem sie sich damals die Verbindungen der »Fürstentum«-Akteure klarer machen wollte. Inzwischen weiß sie: Der grauhaarige Mann mit Schnauzbart beispielsweise, der sie bei ihrem Besuch im Schloss in der »Heimat« willkommen geheißen hatte, war der »Wissensberater & Naturheilkundler« Volker Köhne, ein Verfechter der antisemitischen »Germanischen Neuen Medizin«, der auch in einer »Reichsdeutschen«-Gruppierung namens »Volks-Bundesrath« aktiv ist. Und neben anderen »Reichsdeutschen« und einem undurchschaubaren jungen Mann, der sich Jessie Marsson nannte und bei seinen Besuchen in Krampfer im weißen Anzug mit Frottee-Stirnband übers Grundstück lief, fiel der Nachbarin vor allem ein Mann namens Jo Conrad auf.

Conrad ist neben dem Bestseller-Autor Holey, mit dem er jahrelang eng zusammenarbeitete, einer der umtriebigsten Strategen der rechten Esoterik, smart nicht nur im Auftreten, sondern auch in der Erscheinung: Gebräunt, mit akkuratem Kurzhaarschnitt, meist im gutgeschnittenen Anzug mit Hemd und Krawatte erinnert der Mittfünfziger an Figuren wie Günther Jauch oder Jörg Haider und passte optisch am allerwenigsten zu den alternativen Poncho-Trägern, die sich im Krampferschen Gutshof eingerichtet hatten.

Conrad selbst tritt seit einigen Jahren mit eigenen verschwörungstheoretischen Veröffentlichungen in Erscheinung, in denen er sich auch auf Antisemiten und Holocaust-Leugner beruft. Er selbst äußerst sich jedoch bewusst vage: »Bei uns ist es verboten zu bezweifeln, dass es den Holocaust in diesem Ausmaß gegeben hat«, schreibt er zum Beispiel in seinem Buch »Entwirrungen«, um fortzufahren: »Das soll hier natürlich nicht geschehen, aber man muss sich fragen, warum Zweifel an etwas verboten sind, das jederzeit beweisbar wäre.«[12] Neben seiner Autorentätigkeit hat er seine Rolle vor allem als pseudo-kritischer Stichwort- und Impulsgeber für andere zweifelhafte Esoteriker gefunden. Auch im »Fürstentum« fungierte er als eine Art Moderator, führte mit den Bewohnern und Initiatoren geduldig ausschweifende Videointerviews fürs Internet. Und bei den Nachbarn in Krampfer kursierte schließlich die Befürchtung, der charismatische Selbstdarsteller Conrad sei womöglich der eigentliche Kopf hinter dem Projekt und plane langfristig, im Schloss ein scientology-artiges Schulungszentrum einzurichten.

Kerstin Süske jedenfalls hatte mit ihrer Familie bereits beschlossen: Sollte diese Clique im Schloss bleiben, würden sie wegziehen. »Mit solchen Leuten hätte ich diesen Ort nicht teilen wollen.« Kampflos wollte sie den Schlossbewohnern das Dorf aber auch nicht überlassen – und organisierte zunächst gemeinsam mit einem Kreistagsmitglied der Grünen eine Informationsveranstaltung zum »Fürstentum Germania« im Gemeindehaus. Moderiert vom örtlichen Pfarrer, diskutierten dort die Dorf- und Schlossbewohner mit der zuständigen Bürgermeisterin aus Plattenburg, einem Sekten-Experten, Vertretern des »Aktionsbündnisses gegen Rechts«, der örtlichen Polizei und des »Mobilen Beratungsteams«.

Dennoch fühlte sich Süske mit ihren Sorgen allein gelassen. Das »Mobile Beratungsteam« etwa, das sich in der Region um die »Abwehr und Verhinderung von rechtsextremen und rassistischen Entwicklungen« kümmert, sei zunächst ähnlich überfordert gewesen wie Bürgermeisterin Gudrun Hoffmann.

Auch ein Jahr später tut sich die parteilose Bürgermeisterin hörbar schwer, die richtigen Worte für das zu finden, was sie im vorigen Jahr in Krampfer erlebt hat. Sie spricht von »kuriosen Erscheinungen« im Zusammenhang mit dem »Fürstentum«. Mit einigen der Aktiven habe sie sich damals persönlich über deren Anliegen und Ziele unterhalten, aber: »Es war nicht zu verstehen.« Die Bürgermeisterin klingt hilflos: »Die Ideale waren sehr gewagt, die Widersprüche sehr groß.« Die Gemeinde sei nach dem Wirbel um Krampfer erstmal bedient: »Für uns war das ein ziemlich großer Kraftakt. Ich hoffe, dass uns so etwas in nächster Zeit erspart bleibt.« Das Fazit von Kerstin Süske lautet: »Eigentlich ist jeder bloß froh, dass die wieder weg sind.«

Was aus den Fürstentümlern wurde, das interessiert aber auch Süske nicht mehr, seit die Baubehörde die Räumung des Schlosses veranlasste. Das marode und vermutlich unverkäufliche Anwesen gehört offiziell immer noch dem Augsburger Taxifahrer mit dem adeligen Namen und soll nach den Vorstellungen einiger Fürstentümler bis auf weiteres »als Mahnmal« demonstrativ verrotten. Ein paar der Schlossbewohner campierten nach der Räumung noch eine Zeitlang im Garten des Gutshofs und wohnten vorübergehend in einem anderen Haus im Dorf, andere fuhren zunächst ins nahegelegene Kleinow, um dort mit anderen Aussteigern auf einem heruntergekommenen ehemaligen LPG-Grundstück zu wohnen, dessen Eigentümer zwei Jahre zuvor behauptet hatte, der NPD-Funktionär Jürgen Rieger habe es zu einem rechtsextremen »Schulungszentrum« ausbauen wollen. Danach verlaufen sich die Spuren der Kommunarden in einem Wald bei Exertal in Nordrhein-Westfalen, im mecklenburg-vorpommerschen Dargelütz, im Hunsrück …

Im Internet tauschten sich ein paar »Fürstentum«-Aktivisten noch eine Zeitlang über ihren »Ausflug nach Germania« aus, der »heftigst in die Hose gegangen« sei: »Am Anfang zu viele« seien sie gewesen, »sehr viele ›Grüne‹«, »Egozentriker, Nichtstuer, Besserwisser und Zerreder«. Verantwortlich für den »Absturz von ›Germania‹« machen die Enttäuschten die »Borniertheit der Verantwortlichen«, die »Grabenkämpfe«, die »Selbstüberschätzung und Lernunfähigkeit«, die »Sandkasten-Mentaliät« oder die »Basisdemokratie«. Ihr Fazit lautet wahlweise: »Es ist schon ganz gut, dass Germania untergegangen ist. So wissen wir jedenfalls, wie es nicht geht.« Oder: »Wir dürfen nicht vergessen: Germania lebt noch.« Im September 2009 ist auch dort die Diskussion verstummt.

Einer jedoch, der auch bei der merkwürdigen Gründung des »Fürstentums Germania« in Krampfer dabei war, in der ersten Reihe im Publikum die Zeremonie eifrig beklatschte, sitzt ein Jahr später in geselliger Runde im Nebenraum des »Roseneck«, einem deutsch-kroatischen Restaurant im Berliner Stadtteil Neukölln.

Es ist Freitagabend, halb acht. Etwa zwanzig Leute haben sich um eine lange, mit schlichtem Tuch gedeckte Tafel zum 169. »Neuschwabenland-Treffen« zusammengefunden. Seit über sieben Jahren versammelt man sich regelmäßig. In einem 513-seitigen Sammelband über die Treffen erinnert sich der Herausgeber freudig an die Zeit, als man noch »am Theodor-Heuss-Platz« tagte, »der eigentlich Adolf-Hitler-Platz heißt«.

Der untersetzte Mann mit Halbglatze, der zwölf Monate zuvor zur »Fürstentum«-Gründung nach Krampfer gefahren war, ist hier kein Unbekannter. Er darf einen Kurzvortrag »zum Thema Computer« halten. Ein Thema, sagt er, das »jedem, der mal eine Hausdurchsuchung hatte, unangenehm in Erinnerung sein dürfte«. Sein Vortrag enthält Tipps, »wie man seine persönlichen Daten kryptisch so kodieren kann, dass die Polizei nicht rankommt«.

Der Kellner hat Bier, Wein und Kaffee aufgetragen. Ein junger Mann schaufelt einen Teller Spaghetti Carbonara in sich hinein. Ein älteres Ehepaar gönnt sich ein Bananensplit. Draußen vor den mit halben Spitzengardinchen behängten Fenstern des Lokals leuchtet die blaue Reklame einer Tankstelle.

Die meisten in der Runde sind gute Bekannte, man duzt sich, die Stimmung ist locker. Neulinge werden freudig willkommen geheißen. Es ist eine buntgemischte Gesellschaft: ergraute Herren in feinem Loden, Jugendliche, die aussehen, als hätten sie gerade das Abitur hinter sich, Männer, die sich offenbar keinen Zahnersatz leisten können. Dazwischen ein Mittvierziger mit modisch gestutzten Koteletten, der großzügig Visitenkarten mit Familienwappen verteilt, die ihn als adeligen Yoga-Lehrer ausweisen.

Am Kopf der Tafel steht ein großer, ausgemergelter Mann im blauen Strickpullover und hat einen grauen Metallkasten vor sich aufgebaut, darauf die freigelegte Technik eines handelsüblichen Mikrowellenherdes. Er stellt sich als »Doktor Axel Stoll« vor, Jahrgang 1948, Physiker, Autor diverser Sachbücher und zu DDR-Zeiten Offizier in der Volksarmee. »Ich hatte damals sämtliche Waffensysteme unter mir, chemische Waffen und Nuklearwaffensysteme«, bemerkt Stoll mit bübischem Stolz.

Stoll ist gerade dabei, der Runde zu erklären, wie man sein Mikrowellengerät aus der heimischen Küche in eine Strahlenwaffe umbauen kann. »Maser« heißen solche Apparate im Fachjargon. Ab und an hebt er seine knatternde

Stimme und warnt, beim Umbau keine Fehler zu machen und die Wirksamkeit des unscheinbaren Gerippes auf dem Tisch nicht zu unterschätzen. »Man kann davon ausgehen, dass in Deutschland in jedem größeren Häuserblock jemand mit einem Maser sitzt und seine Nachbarn mit Mikrowellen terrorisiert!« Solch ein »Maser« könne, richtig eingesetzt, sogar als »Verteidigungs- und Angriffswaffe« dienen: »Was immer Ihr Maser trifft, zum Beispiel Pflanzen, wird unmittelbar sterben. Nutzen Sie einen Maser in einer langen Tunnelführung, zum Beispiel, um einen unterirdischen Bunker zu schützen, so ist dies eine recht wirksame Verteidigung.« Stoll macht eine Kunstpause: »Wissen Sie, was das Ergebnis ist?« Er blickt triumphierend in die Runde. »Das Ergebnis ist: am Ausgang des Tunnels LEI-CHEN-BER-GE! Ha! Damit danke für die Aufmerksamkeit.«

Wie groß denn die Reichweite sei, will einer der Zuhörer wissen. Könnte man damit auch Flugzeuge vom Himmel holen? Ja, wenn man mehrere solcher Maser hintereinanderschalte, ruft ein anderer in die Runde.

Ganz am Ende des Tischs sitzt eine Verwaltungsangestellte mit grauer Hochsteckfrisur und wundert sich über den »kämpferischen Ton« der Runde. Sie sei zwar mit ihrem Mann heute zum ersten Mal hier, kenne aber einige Teilnehmer von einem anderen Stammtisch, der sich mittwochs im Berliner Stadtteil Schöneberg treffe, erzählt sie. »Waffen haben die da noch nicht gebaut!« Sie lächelt ein bisschen gequält. Zeit für eine Zigarettenpause, in der Claus Petersen, Fernsehtechniker und leidenschaftlicher Trabrennbahn-Besucher, der Runde eine kleine, rote Leuchtdiodenlampe präsentiert, auf die er auf Anraten seines Arztes mit der Heißklebepistole einen Bergkristall gepappt hat. Regelmäßig angewendet an Fuß und Bauchnabel, seien damit seine Rückenschmerzen nach nur zwei Wochen verschwunden, ruft Petersen begeistert: »Einfach weg!« Und seit er das Lämpchen nachts in seinem Schlafzimmer anschalte, schlafe er auch viel ruhiger.

Gewöhnlich erzählt Petersen beim »Neuschwabenland«-Stammtisch von Chemtrail-Sichtungen in der Nachbarschaft seines kleinen Fernsehfachgeschäfts in Westberlin. Heute jedoch berichtet der freundliche Mann, dass sein Laden nicht mehr läuft. »Ich bin zum ersten Mal nicht mehr in der Lage, meine Miete zu zahlen.« Bevor ihn jemand bemitleidet, ruft er schnell: »Aber das macht alles nichts, da steh ich doch drüber!« Auch das laufende Gerichtsverfahren wegen Beamtenbeleidigung werde er schon meistern. Petersen glaubt ohnehin nicht an die deutsche Justiz. »Wir sind Reichsbürger!«, verkündet er und hält ein in durchsichtige Plastikfolie eingeschweißtes Kärtchen mit Passfoto in die Runde. »Mein Ausweis hat was mit dem Widerstandsrecht zu tun.«

Er ist nicht der einzige Stammtischbesucher mit Reichsbürgerpass. Ein stiller grauhaariger Herr, der mit seiner feinen Metallbrille, dem penibel gestutzten grauen Kinnbart und dem schmalen Schal aussieht wie ein pensionierter Deutschlehrer, zieht unauffällig eine laminierte grüne Karte aus seiner Tasche, hält sie kurz hoch. »Ist der so in Ordnung?«, fragt er einen Mann, der ein paar Stühle weiter sitzt.

Das brisanteste Referat des Abends hält »Kamerad Kevin Döring«, wie Axel Stoll ihn vorstellt. Ein Informatiker in farblosem Sweatshirt, blass und schmächtig. Döring sieht aus wie Anfang zwanzig, genießt jedoch den Respekt der Runde. Sein Thema heute lautet: »Die aktuelle militärpolitische Lage«. Kevin Döring wertet Nachrichten aus, die er auf Internetseiten wie *Welt Online* entdeckt hat. Einige davon kommen den Zuhörern spontan bekannt vor: »Das hab ich auch in der *Jungen Freiheit* gelesen.«

Zur Ankündigung des US-Präsidenten Barack Obama, keine bemannten Flüge zum Mond mehr zu finanzieren, hat Döring »ein paar Anmerkungen«: »Der Mond ist ja ein Hohlkörper«, erläutert er nüchtern, die Hände hinter dem Rücken verschränkt. »Es gibt im Mond drinnen und auf der Oberfläche Atmosphäre und Vegetation.« Doch sämtliches Fotomaterial, das wir vom Mond und den Planeten zu sehen bekämen, sei nachretuschiert – um die Menschen über das Leben im All hinwegzutäuschen. Einige am Tisch raunen zustimmend. »Auch Apollo 1 war kein Unfall«, ergänzt Döring bestimmt. »Die Leute wussten zu viel.« Der schicke Yoga-Lehrer am Tisch schaltet sich ein: Der Mars sei ja übrigens auf sämtlichen Fotos rot eingefärbt, damit man die Gebäude darauf nicht erkennen könne. »Vor allem die Pyramiden!«, ruft jemand dazwischen.

Döring hält seinen Laptop hoch und führt der Runde ein Privatvideo vor. Aufgenommen hat es ein anderer

Stammtisch-Mitstreiter, zufällig, bei einer Chemtrail-Observation. Zunächst zeigt es wackelige Aufnahmen eines fast wolkenlosen Berliner Himmels. Dann huscht irgendwann ein dunkler Schatten durchs Bild. Döring hat, wie er sagt, das Video zusätzlich am Computer bearbeitet. Und was sich in Dörings manipulierten Schwarzweiß-Standbildern offenbart, sorgt im »Roseneck« für Aufregung: nicht, weil es die Stammtischrunde überraschen würde, dass der Schatten plötzlich aussieht wie eine Reichsflugscheibe, sondern weil sie es immer schon gewusst haben.

Zum Abschluss seines Vortrags zeigt Döring eine Dokumentation aus dem Internet. Der laienhaft synchronisierte US-Film beschäftigt sich mit der Frage, wie sich mit moderner Technik das menschliche Bewusstsein fernsteuern und manipulieren lässt. Die warnende Botschaft: »Da werden Störfrequenzen direkt in den Verstand gesendet.« Und niemand findet das witzig.

10 | Hundert Tipps und Tricks gegen Rechts

So könnte dieses Buch enden – mit praktischen Handlungsanweisungen, was man alles tun kann im »Kampf gegen Rechts«. Zum Beispiel: Zivilcourage zeigen! Öffentlichkeit herstellen! Behörden einschalten! Neonazis ausgrenzen! Rechtsextremem Engagement mit eigenen Initiativen zuvorkommen!

Solche Tipps und Tricks sind richtig und wichtig. Sie sind bereits so viele Male propagiert worden, dass sie eigentlich selbstverständlich sein sollten. Und es wird ja auch längst viel getan: Wir haben bei unseren Recherchen überall engagierte Menschen getroffen, denen es ein Herzensanliegen ist, dem Rechtsextremismus zu trotzen. Aufmerksame Bürger, die ihre Nachbarschaft mobilisieren und die Behörden zum Handeln antreiben. Ehrenamtlich arbeitende lokale Aktionsbündnisse, die mit Spendenkampagnen, Bratwurstständen und Mahnwachen ihre Stadt nazifrei halten wollen. Mitarbeiter von Opferberatungsstellen, die verlässliche Partner und hartnäckige Lobbyisten für die Betroffenen sind. Juristen, die den Opfern zu ihrem Recht verhelfen, auch dort, wo auf die Richter kein Verlass ist. Fachkundige Journalisten, die sich seit Jahren auch dann des Themas annehmen, wenn es gerade nicht in Mode ist. Einzelkämpfer in der Provinz, die jeden Tag bis zur Selbstaufgabe neue Informationen zusammentragen über die örtliche rechtsextreme Szene und der Öffentlichkeit (manchmal auch dem Verfassungsschutz) bewusstmachen wollen, was wirklich los ist draußen im Land.

Jährlich 24 Millionen Euro flossen in den vergangenen Jahren in die Bundesprogramme »Vielfalt tut gut« und »Kompetent für Demokratie«, außerdem weitere Millionen in verschiedene Landesprogramme gegen Rechts. Hinzu kommen – zum Teil aus dem Europäischen Sozialfonds – zwischen 2007 und 2013 rund 250 Millionen Euro für das Bundesprogramm Xenos, das unter anderem Demokratiebewusstsein, Weltoffenheit, zivilgesellschaftliches Engagement und Toleranz stärken soll. Und die Verfassungsschutzämter von Bund und Ländern geben jedes Jahr geschätzte 15 Millionen Euro für die Beobachtung der rechtsextremen Szene aus.

Nur haben all das Engagement und Geld die Lage nicht verbessert. Im Verfassungsschutzbericht finden sich alljährlich wieder ähnlich viele Rechtsextremisten und rechtsextrem motivierte Straftaten. Die Zahl rechtsextremer Internetseiten steigt. In vielen Kommunalparlamenten und einigen ostdeutschen Landtagen haben sich Rechtsextreme inzwischen als feste Größen etabliert. Und wenn mal eine Neonaziorganisation verboten wird, organisieren sich die Aktivisten eben neu. Einige von denen, die seit Jahren in Ostdeutschland die Arbeit gegen Rechtsextremismus hauptberuflich betreiben, sind ernüchtert und haben die Hoffnung auf eine grundsätzliche Besserung verloren.

Auf der politischen Agenda ist das Thema Rechtsextremismus längst weit nach hinten gerutscht, Karriere machen Politiker heute mit anderen Themen. Und floskelhafte Reden über »braune Rattenfänger« und wohlfeile Appelle an die Zivilcourage mag sich zu Recht niemand mehr anhören.

Längst gilt bei Politikern islamistischer Terrorismus als größere Bedrohung – und vielen Bürgern sogar ihre verschleierte Nachbarin. Rechtsextremismus wird als immer unspektakulärer und normaler wahrgenommen. Als beispielsweise die NPD bei der Landtagswahl in Sachsen im Herbst 2004 mit 9,2 Prozent der Stimmen zum ersten Mal in ein ostdeutsches Landesparlament einzog, verbreiteten die Medien Erschütterung und Empörung. Nach der Wahl der NPD in den Landtag Mecklenburg-Vorpommerns zwei Jahre später war die Aufregung schon merklich kleiner. Der Wiedereinzug der NPD in den sächsischen Landtag 2009 verursachte kaum noch Aufsehen. In vielen Medien wurde der Stimmenrückgang der NPD auf 5,6 Prozent sogar schon als positiv bewertet. Dass eine Skandalpartei wie die NPD in einem Landtag sitzt, ist Alltag geworden. Und als der Verfassungsschutz im Jahr 2009 bundesweit 151 rechtsextreme Gewalttaten weniger zählte als im Vorjahr, waren die 738 begangenen Körperverletzungen, die fünf versuchten Tötungsdelikte und ein Todesfall, die 18 Brandstiftungen, 44 Landfriedensbrüche, 16 Raubüberfälle etc. keine Nachricht mehr.

Rechtsextremismus ist in der öffentlichen Wahrnehmung ohnehin nur noch ein Ossi-Phänomen. Es gilt 20 Jahre nach der Wende als triste Normalität – genau wie die höhere Arbeitslosigkeit oder die Abwanderung.

Klassisch rechtsextreme Politik hat im Osten tatsächlich eine stärkere Resonanz und eine größere Akzeptanz – und deshalb sind zahlreiche NPD-Funktionäre wie auch Kameradschaftsführer aus Westdeutschland längst in den Osten gegangen. Fragt man sie nach den Unterschieden, schwärmen sie von der »Toleranz« und der geringen »Systembindung« der Ostdeutschen.

Doch feindselige Einstellungen gegenüber Minderheiten gibt es ebenso im Westen. Auch im Westen der Republik waren die Zeiten mal politisch korrekter. Islam und Ausländerintegration – für viele Menschen sind das längst Reizworte. In den Feuilletondebatten über den Islam wird die Wortwahl schriller. Warum sollte man da selbst noch die eigenen Vorurteile über »Kopftuchmädchen« und »Gammelfleischdöner« verheimlichen? Der Erfolg islamfeindlicher Mitmach-Websites wie »Politically Incorrect« und der Zuspruch für Sarrazins Thesen lassen ahnen, wie groß der Drang zum Bekenntnis ist – bei Menschen, die vermutlich niemals die NPD wählen werden.

Die Mitarbeiter der Opferberatungsstellen und mobilen Beratungsteams gegen Rechts müssen sich in regelmäßigen Abständen fragen lassen, ob ihre staatlich finanzierte Arbeit wirklich das Geld wert sei, das sie kostet. Dabei sollte die Frage anders lauten: Was können Programme gegen Rechtsextremismus in Regionen erreichen, wo die

Mehrheit der Bevölkerung inklusive vieler Lokalpolitiker sie für überflüssig und unerwünscht halten?

Gerade in Ostdeutschland fehlen den Programmen in den Städten und Dörfern die Mittler, die gemeinsam für die demokratischen Ideen im Alltag eintreten, auch wenn der Trommelworkshop vorbei ist. Denn nach jahrelanger Abwanderung in den Westen ist in vielen Provinzgemeinden kaum noch jemand übrig, der sich der Demokratie dort annehmen könnte. Oft sind es Zugezogene, die sich den Rechten in den Weg stellen: ostdeutsche Wendeaktivisten, Mitstreiter der DDR-Kirchenbewegung, linksalternative Wessis oder Großstadt-Ossis, die es in die Ostprovinz verschlagen hat. Sie gelten meist ohnehin als Exoten. Und mit ihrem Engagement gegen Rechtsextremismus machen sie sich erst recht zu Außenseitern. Wie sollen ausgerechnet sie die Mehrheit mobilisieren?

Viele noch so gutgemeinte Programme gegen Rechts können deshalb bloß scheitern. Aber wer das offen sagt, redet leicht jenen Konservativen das Wort, die ohnehin alle Initiativen gegen Rechtsextremismus unter den Generalverdacht der Alt-68er-Spinnerei stellen.

Die öffentlichen Debatten über die extreme Rechte in Deutschland gehen seit Jahren am Thema vorbei, verlaufen ohne Erkenntnisgewinn. Sie suggerieren, die Grenze zwischen Gut und Böse sei eine für jeden klar sichtbare rote Linie: hier die heile Welt, da die national befreite Zone. Und solange sich daran nichts ändert, wird es auch keinen gesellschaftlichen Konsens darüber geben, was eigentlich schlimm ist.

Ist es eine rechtsextreme Straftat oder nur »jugendtypisches Verhalten«, wenn ein junger Mann im Neonazi-Look einen Schüler verprügelt, der sich gegen Rechts positioniert? Darf man die Gattin eines NPD-Politikers in den Elternbeirat der Schule wählen? Und was ist mit ihren Kindern, die daheim Hakenkreuze malen? Ist es Grund zur Aufregung, wenn Schüler SS-Runen auf die Tür des Schulklos kritzeln? Muss man die Zettel vor dem Haus abreißen, auf denen der Neonazi-Gegner aus der Nachbarschaft als »Nestbeschmutzer« beschimpft wird? Ist es schlimm, wenn ein Neonazi beim Dorffest das Spanferkel grillt? Darf ein Demokrat im Wahlkampf mit Freibier um Stimmen von Rechtsextremen werben? Darf die *Bild*-Zeitung »Hitlers geheime Ufo-Pläne« zur Schlagzeile machen? Darf sich ein Unternehmer damit abfinden, dass er rechtsextreme Nutzer nicht aus seinem Internetforum verbannen kann? Dürfen demokratische Parteien islamfeindliche Rechtspopulisten in ihren Reihen dulden? Ist es schon rassistisch, wenn man einen Moslem »Talibanfurzer« oder den Ramadan »Bulimiemonat« nennt? Oder bleibt es am Ende bei der Frage: Was soll's?

Die Antworten darauf muss jeder für sich selbst finden.

Doch auch wenn es nicht mehr besonders in Mode ist, sich für Demokratie und Toleranz zu engagieren – wer nur die Achseln zuckt, muss wissen: Das stärkt jene, die sich aus dem gesellschaftlichen Konsens verabschiedet haben.

Es stimmt zwar: Bei NPD-Demos sind meist mehr Gegendemonstranten, Journalisten und Polizisten als Neonazis da. Aber die Grenzüberschreitungen sind allgegenwärtig, sie bekommen nur selten diese Aufmerksamkeit, viele werden kaum noch ernst genommen, stören kaum noch jemanden. Und gerade dort, wo sich die Demokratiefeinde am unauffälligsten geben, dort, wo sie vermeintlich kaum der Rede wert sind, sind sie zuglcich am effektivsten.

Wenn dieses Buch also die Sinne schärft für das, was selbst der vermeintlich heile Mainstream tagtäglich an Rassistischem, Intolerantem und Demokratiefeindlichem hervorbringt, dann erscheint uns das sinnvoller als weitere hundert Tipps und Tricks gegen Rechts.

Berlin, den 6. Dezember 2010

LITERATUR

Bayerisches Staatsministerium des Inneren (Hrsg.): Neonazismus und rechtsextremistische Gewalt. München 2005.

Becker, Reiner: Ein normales Familienleben. Interaktion und Kommunikation zwischen »rechten« Jugendlichen und ihren Eltern. Schwalbach/Ts 2008.

Begrich, David: »Nationale Öffentlichkeitsarbeit«. Praxis, Strategie und Ziele rechtsextremer Pressearbeit. Magdeburg 2009.

Benz, Wolfgang (Hrsg.): Islamfeindschaft und ihr Kontext. Dokumentation der Konferenz: »Feindbild Muslim – Feindbild Jude«. Köln 2009.

Bundesamt für Verfassungsschutz: Argumentationsmuster im rechtsextremistischen Antisemitismus. Köln 2005.

Bundesministerium des Inneren/Bundesministerium der Justiz (Hrsg.): Zweiter Periodischer Sicherheitsbericht der Bundesregierung. Berlin 2006.

Conrad, Jo: Entwirrungen. Worpswede 2001.

Decker, Oliver/Brähler, Elmar: Vom Rand zur Mitte. Rechtsextreme Einstellungen und ihre Einflussfaktoren in Deutschland. Berlin 2006.

Decker, Oliver/Brähler, Elmar: Bewegung in der Mitte. Rechtsextreme Einstellungen in Deutschland 2008. Berlin 2008.

Decker, Oliver/Brähler, Elmar: Die Mitte in der Krise. Rechtsextreme Einstellungen in Deutschland. Berlin 2010.

Diekmann, Kai: Der große Selbstbetrug. München 2007.

Gensing, Patrick: Angriff von Rechts. Die Strategien der Neonazis – und was man dagegen tun kann. München 2009.

Hempel, Claudia: Wenn Kinder rechtsextrem werden. Springe 2008.

Heitmeyer, Wilhelm (Hrsg.): Deutsche Zustände. Folge 9. Berlin 2010.

Helsing, Jan van: Geheimgesellschaften und ihre Macht im 20. Jahrhundert. Lingen 1993. (seit 1996 indiziert)

Hessische Landeszentrale für politische Bildung (Hrsg.): Klickt's? Geh Nazis nicht ins Netz! Wiesbaden 2009.

Lobermeier, Olaf: Rechtsextremismus und Sozialisation. Braunschweig 2006.

NPD-Parteivorstand (Hrsg.): Presse- und Öffentlichkeitsarbeit – Ein Leitfaden für Landes- und Kreisverbände. Berlin 2009.

Opferperspektive e.V. (Hrsg.): Der »Fall Ermyas M.«. Chronik einer Debatte. Potsdam 2008.

Paritätischer Wohlfahrtsverband (Hrsg.): Unter unseren Verhältnissen ... Der erste Armutsatlas für Regionen in Deutschland. Berlin 2009.

Röpke, Andrea: »Wir erobern die Städte vom Land aus!« Schwerpunktaktivitäten der NPD und Kameradschaftsszene in Niedersachsen. Braunschweig 2005.

Röpke, Andrea/Speit, Andreas (Hrsg.): Neonazis in Nadelstreifen. Die NPD auf dem Weg in die Mitte der Gesellschaft. Berlin 2009.

Sarrazin, Thilo: Deutschland schafft sich ab. Wie wir unser Land aufs Spiel setzen. München 2010.

Staud, Toralf: Moderne Nazis. Die neuen Rechten und der Aufstieg der NPD. Köln 2006.

LINKS

Diese Internetseiten zum Thema finden wir informativ und lesenswert:

www.bnr.de
www.endstation-rechts.de
www.mobile-opferberatung.de
www.netz-gegen-nazis.de
www.npd-blog.info
www.redok.de
www.thomastrappe.wordpress.com

Das Blog zum Buch:

www.heile-welten.de

ANMERKUNGEN

1 | STREHLA

1   Der 1953 gegründete *Nation & Europa*-Verlag galt laut bayerischem Verfassungsschutz mit der gleichnamigen von ihm herausgegebenen Zeitschrift *Nation & Europa* als »wichtiges meinungsbildendes Medium für die rechtsextreme Szene«. Der Verfassungsschutz Nordrhein-Westfalen stufte das Heft 2002 sogar als »das bedeutendste rechtsextremistische Strategie- und Theorieorgan« ein. Im Herbst 2009 wurde der Verlag vom Arndt-Buchdienst/Pour le Merite übernommen, das Coburger Büro aufgelöst.

2   Bei der Kreistagswahl im Juni 2008 kam die NPD im Landkreis Meißen auf 5,7 Prozent der Stimmen und bekam fünf Sitze im Kreistag. Bei der Kommunalwahl im Juni 2009 holte die NPD in Strehla 5,6 Prozent der Stimmen und einen Sitz im Stadtrat.

3   Die Idee, das christliche Weihnachten durch das »Julfest« zu ersetzen, wurde von den Nationalsozialisten propagiert und findet heute in der rechtsextremen Szene viele Anhänger. Der »Deutsche Stimme«-Verlag verkauft in der Rubrik »Deutsche Weihnacht« unter anderem Julleuchter, Irminsul-Kerzenständer, Postkarten mit Odin im Schneegestöber und der Aufschrift »Sonnenwendgrüße« oder ein Ratgeberbuch für »Brauchtum und Mythologie zeitgemäßer naturreligiöser Weihnachtszeremonien mit Hinweisen für den zeremoniellen Aufbau des Julfeuers, den alternativen Baumschmuck und die Gestaltung des Julbogens, Backrezepte, Julleuchter ...«.

4   Die Band »Hauptkampflinie« löste sich 2009 auf, im April 2010 gab der Sänger Oliver Podjaski in dem Anti-Rechtsrockblog »Oire Szene« bekannt, er sei aus der rechtsextremen Szene ausgestiegen. Die CDs der Gruppe werden aber weiter von rechten Versandhäusern verkauft.

5 »Politik beginnt bereits beim Einkaufen«, Interview mit Linda Fuchs, *Deutsche Stimme*, 4. November 2009.

6 Nach Angaben des Bundesinnenministeriums war die 1990 gegründete »Heimattreue Deutsche Jugend (HDJ) – Bund zum Schutz für Umwelt, Mitwelt und Heimat e. V.« ein bundesweit organisierter rechtsextremistischer Jugendverband, registriert beim Vereinsregister in Kiel. Die HDJ sei mit »Leitstellen« und regionalen Einheiten in nahezu allen Bundesländern vertreten und aktiv gewesen und habe mehrere hundert Mitglieder gehabt. Zielsetzung des Vereins sei die Heranbildung einer neonazistischen »Elite« gewesen.

2 | SCHÖNSTADT

1 Zum Schutz der Persönlichkeit sind alle Ortsbezeichnungen und Namen sowie einige Detailangaben im Text verändert.

2 Am 10. März 2005 bestätigte der Bundesgerichtshof ein Gerichtsurteil, das die Gruppe »Landser« als erste Rechtsrockband offiziell zur kriminellen Vereinigung erklärte. In rassistischen und antisemitischen Hetzliedern hatten die selbsternannten »Terroristen mit E-Gitarre« zu Gewalt gegen Ausländer, Juden oder Linke aufgerufen. In den Texten heißt es zum Beispiel: »Wetzt die langen Messer auf dem Bürgersteig, lasst die Messer flutschen in den Judenleib!« Oder: »Irgendwer wollte den Niggern erzählen, sie hätten hier das freie Recht zu wählen. Das haben sie auch, Strick um den Hals oder Kugel im Bauch«. Die meisten Platten der Gruppe wurden indiziert.

3 Frank Rennicke ist einer der bekanntesten Liedermacher der rechtsextremen Szene, der in seinen Liedern die Wehrmacht und das Dritte Reich glorifiziert; Rennicke tritt regelmäßig bei NPD-Veranstaltungen auf und wurde 2009 und 2010 von der Partei als Kandidat für das Amt des Bundespräsidenten nominiert.

4 Zu den Beratungsstellen mit speziell geschulten Mitarbeitern zählen die anonym und ausschließlich per E-Mail arbeitende Online-Beratung gegen Rechtsextremismus (www.online-beratung-gegen-rechtsextremismus.de), die Familienhilfe von EXIT Deutschland in Berlin (www.exit-deutschland.de), die Berliner Beratungsstelle Licht-Blicke (www.elternstärken.de), die Arbeitsstelle Rechtsextremismus

und Gewalt in Braunschweig (www.arug.de), das Lidice-Haus in Bremen (www.lidicehaus.de), in Nordrhein-Westfalen das Netzwerk Ida-NRW (www.ida-nrw.de/html/Fberatung.html) und die staatliche Beratungsstelle des Landes Rheinland-Pfalz (www.komplex-rlp.de).

5   Die HNG mit Sitz in Mainz-Gonsenheim kümmert sich seit 1979 um rechtsextreme Straftäter während und nach ihrer Haftzeit. Sie gilt als derzeit größte neonazistische Gruppierung in Deutschland. Vor Weihnachten wird auf rechtsextremen Internetseiten regelmäßig aufgerufen, »Julfestgrüße« an die inhaftierten »Kameraden« zu schicken. Das Bundesinnenministerium leitete 2010 eine Verbotsprüfung gegen den Verein ein, denn: »Durch systematische Relativierung des begangenen Unrechts soll der Inhaftierte in seiner rechtsextremistischen Überzeugung und seinem Tun bestärkt und zur Begehung weiterer Straftaten motiviert werden.«

3 | BARGISCHOW

1   Die CD der Band »Wiege des Schicksals« ist beim Chemnitzer Label PC-Records erschienen. Die Gruppe wird dort beworben als »junge Band aus dem schönen Gau Pommern«. Im Text des Songs »Die Presse lügt« heißt es: »(...) Die Nachrichten sind komplett manipuliert. Alles, was die uns erzählen, an jedem einzelnen Tag, wird von Medienkonsortien lanciert und zwar nur zu einem einzigen Zweck und jetzt kommt's: Die wollen, dass wir in Angst leben. (...)« Das in Bargischow verteilte Flugblatt endet mit einem weiteren, orthographisch fehlerhaften Song-Zitat: »Vom 68iger umerzogen fühlst du Dich als Antifaschist, seid der Schulzeit glaubst du alles, jede Lüge jeden Mist, sie lernten Dich dein Volk zu hassen, eingeimpfter Schuldkomplex, du bist jetzt so wie Sie es wollen Armseeliger Besatzerknecht!« Der Song stammt von der anonym agierenden Rechtsrockformation »Die Lustigen Zillertaler«, einem in der Szene gefeierten Nachfolgeprojekt der »Zillertaler Türkenjäger«, deren CD Ende der 90er Jahre indiziert wurde. Der Titel ist eine rechtsextreme Cover-Version des Anti-Neonazi-Songs der »Ärzte« mit dem Titel »Schrei nach Liebe«. Ein Song der Band »Wiege des Schicksals« findet sich auch auf der im Oktober 2010 als jugendgefährdend indizierten NPD-Schulhof-CD »Freiheit statt BRD!«

2 Laut dem Paritätischen Wohlfahrtsverband hat Vorpommern mit 27 Prozent bundesweit die höchste Armutsquote. »Unter unseren Verhältnissen ...« – Armutsatlas des Paritätischen Wohlfahrtsverbandes, Berlin 2009, S. 28.

3 Zitat von der Internetseite der NPD-Landtagsfraktion Mecklenburg-Vorpommern.

4 Das Gratisblatt mit einer Auflage von mehreren Zehntausend Exemplaren wird von der in Bansin auf Usedom ansässigen rechtsextremen »Initiative für Volksaufklärung e.V.« herausgegeben. Verantwortlich im Sinne des Presserechts ist Enrico Hamisch, der als Wahlkreismitarbeiter des NPD-Landtagsabgeordneten Tino Müller gearbeitet hat und den rechtsextremen »Pommerschen Buchdienst« in Anklam mitbetreibt.

5 Laut dem Amtsgericht Wolgast hat der Verein seinen Sitz im Seebad Bansin auf Usedom und wurde am 22.2.2005 im Vereinsregister eingetragen. Ihm stehen Ricardo Kaster, Jahrgang 1981, aus Stolpe als »1. Bundesleiter« und Ronny Boljahn, Jahrgang 1977, aus Anklam als »2. Bundesleiter« vor.

6 Innenministerium Mecklenburg-Vorpommern (Hrsg.): Verfassungsschutzbericht 2008, Schwerin, S. 97.

7 Antwort des Innenministeriums Mecklenburg-Vorpommern auf eine Kleine Anfrage der PDS-Landtagsfraktion vom 23.5.2005.

8 Die Website wurde 2009 abgeschaltet.

9 Laut Verfassungsschutz schwenkten zum Beispiel bei einer NPD-Demonstration 2008 in Neubrandenburg einige Teilnehmer »Heimatbund«-Fahnen. Im Internet findet sich auch ein Foto von jungen Leuten aus der »Heimatbund«-Clique beim Neonazi-Aufmarsch in Dresden am 13. Februar 2010.

10 Im *Anklamer Boten* 2/2009 heißt es wörtlich: »Auch in Bargischow bewirbt sich mit Daniel Rosa ein sehr empfehlenswerter nationaler Bürger.«

11 Innenministerium Mecklenburg-Vorpommern (Hrsg.): Verfassungsschutzbericht 2009. Schwerin 2010, S. 37.

12 *Nordkurier.de* vom 10.7.2009.

13 Der »Heimatbund Pommern« bietet im Internet »Unterstützerhemden« mit dem Slogan »Jugend im Sturm« in verschiedenen Farben zum Preis von »13 tEuro« an. Die T-Shirts wurden laut Verfas-

sungsschutzbericht Mecklenburg-Vorpommern 2007 auch in der HbP-Mitgliederzeitung beworben: Mit einem solchen Hemd zeige man sich »als eine stürmische und starke Jugend. Eine Jugend, die sich mit diesem System im Kampf befindet.«

4 | DELMENHORST

1 Nach Angaben der Stadt verursachte der Unterhalt des leerstehenden »Hotels am Stadtpark« (Heizung, Versicherung, Sicherheitsdienst etc.) folgende Kosten: 125 000 Euro im Jahr 2007, 10 000 Euro im Jahr 2008. Der Abriss kostete obendrein 180 000 Euro, von denen die Stadt 60 000 Euro tragen musste, der Rest wurde aus Fördermitteln von Bund und Land beglichen.

2 »Abriss des medienbekannten Delmenhorster Hotels am Stadtpark«, *kran-und-hebetechnik.de*, 24.4.2009.

3 »Die Schildbürger von Delmenhorst«, *Welt Online*, 21.3.2009.

4 Details zum Entwurf finden sich unter www.graftbogen-delmenhorst.de

5 Cordes fing nach eigenen Angaben mit 15 Jahren bei der JN an, entwickelte später die NPD-»Schulhof-Offensive« und die rechtsextreme Schülerzeitung »Der Rebell« mit. 2003/2004 war er stellvertretender JN-Bundesvorsitzender.

6 Die Autonomen Nationalisten sind eine neuere Strömung des Neonazismus, sie kopieren Symbole der linken Szene, sind äußerlich oft kaum von linken Aktivisten zu unterscheiden. Das Bundesamt für Verfassungsschutz geht von einer wachsenden, auffällig jungen und gewaltbereiten Szene aus, die Behörde schätzte die Zahl 2009 auf 400 bis 500 Personen, das entspricht einem Zehntel der Neonazi-Szene. In Niedersachsen zählte der Verfassungsschutz im Jahr 2009 insgesamt 40 bis 50 Autonome Nationalisten.

7 Nach Angaben der Betreiber der Internetseite »Nationaler Widerstand Delmenhorst« handelt es sich um ein Bündnis von rund zehn jungen Leuten, »die es sich zur Aufgabe gemacht haben, den nationalen Sozialismus hinaus auf die Straße zu tragen, ohne sich dabei der Staatsgewalt unterzuordnen«.

8 So erwarb z. B. die bayerische Stadt Grafenwöhr 2005 eine Tennishalle, nachdem ein NPD-Politiker gedroht hatte, diese zu kaufen.

Die Stadt Cham in Bayern kaufte im Sommer 2006 einen Supermarkt, an dem Rechtsextreme Interesse gezeigt hatten.

9 In der Mitteilung »Neues vom Immobilienmarkt« des NPD-Kreisverbands Jena vom 23.7.2005 heißt es: »Gegen die Zahlung einer Parteispende stellen wir Ihnen schriftlich aus, ein gesteigertes Interesse am Erwerb Ihrer Immobilie zu haben. Ebenfalls in diesem Service enthalten ist eine Pressemitteilung an die örtliche Lokalpresse. Damit haben Sie beste Chancen, dass Ihre Immobilie zu Höchstpreisen von der Stadt Jena aufgekauft wird (keine Gewähr oder Spendenrückgabe bei Nichterfolg).«

10 Rieger erwarb – zum Teil über seine britische Tarnfirma Wilhelm-Tietjen-Stiftung für Fertilisation Limited, mit der er auch in Delmenhorst auftrat – unter anderem das Landgut »Sveneby« in Südschweden, ein Kino in Hameln, den »Heisenhof« in Dörverden und das »Schützenhaus« in Pößneck.

11 Die NPD kam bei der Bundestagswahl 2009 im Wahlkreis Delmenhorst-Wesermarsch-Oldenburger Land auf 1,3 Prozent der Zweitstimmen (genauso viel wie bei der Bundestagswahl 2005). Der NPD-Direktkandidat Florian Cordes erhielt 1,5 Prozent der Erststimmen (ein Plus von 0,2 Prozent verglichen mit der Bundestagswahl 2005).

12 Die Zahl der rechtsextremen Propagandadelikte lag laut Brockschmidt im Dienststellenbereich der Polizeiinspektion Delmenhorst 2007 bei etwa 40 Straftaten, 2008 waren es etwa 80. Die als rechtsextrem eingestuften Gewaltdelikte stiegen im selben Zeitraum von 3 auf 5. 2009 wurden laut Angaben des niedersächsischen Innenministeriums 84 rechtsextreme Straftaten gezählt, darunter 8 Körperverletzungen, 14 Sachbeschädigungen und 51 Propagandadelikte.

13 Innenministerium Niedersachsen (Hrsg.): Verfassungsschutzbericht 2009. Hannover 2010.

14 Laut Angaben des niedersächsischen Innenministeriums wurden im Zuständigkeitsbereich der Polizeiinspektion Delmenhorst im Jahr 2009 insgesamt 17 linksextreme Straftaten gezählt, darunter 4 Körperverletzungen und 12 Sachbeschädigungen.

5 | HALBERSTADT

1   Name geändert.

2   Der komplette T-Shirt-Aufdruck lautet: »Zillertaler reloaded – Widerstand nach Noten«. Das Shirt wird in rechten Online-Shops als »das einzig originale Hemd zur CD« verkauft. Gemeint ist die 1997 veröffentlichte CD »12 doitsche Stimmungshits« (Cover-Versionen bekannter Schlager mit antisemitischen, ausländerfeindlichen und nationalsozialistischen Texten) der anonym agierenden Musikformation »Zillertaler Türkenjäger«. Wenige Monate nach Erscheinen wurde die CD als volksverhetzend beschlagnahmt. Verbreitung und Bewerbung sind strafbar.

3   Bundesministerium des Inneren (Hrsg.): Verfassungsschutzbericht 2009. Berlin 2010.

4   Obwohl sich ca. 20 Rechtsextreme an dem Überfall beteiligt haben sollen, kamen nur vier von ihnen vor Gericht. Drei der Angeklagten wurden knapp ein Jahr nach dem Übergriff freigesprochen, der vierte wurde wegen gefährlicher Körperverletzung zu zwei Jahren Haft verurteilt.

5   Innenministerium Sachsen-Anhalt (Hrsg.): Verfassungsschutzbericht 2009. Magdeburg 2010.

6   Bundesministerium des Inneren/Bundesministerium der Justiz (Hrsg.): Zweiter Periodischer Sicherheitsbericht der Bundesregierung. Berlin 2006, S. 178.

7   Ursprünglich hätte der Richter den Fall lieber ohne aktive Beteiligung des Betroffenen und seines Rechtsanwalts hinter sich gebracht. Die Zulassung einer Nebenklage hatte er u. a. mit der Begründung abgelehnt, dass sie ein Verhandlungsklima schaffen könnte, das dem Erziehungs- und Schutzgedanken bei jugendlichen Angeklagten zuwiderlaufe. Auf Beschwerde des Nebenklageanwalts (der befürchtete, dass der politische Hintergrund der Tat andernfalls vor Gericht überhaupt nicht thematisiert werden könnte) hob das Landgericht Magdeburg den Beschluss des Amtsgerichts Halberstadt u. a. mit Verweis auf die Opferschutzrechte des minderjährigen Betroffenen wieder auf. Dem Streit um die Nebenklage ist es geschuldet, dass die zeitlich *früher* begangene Tat zeitlich *später* verhandelt wird.

8   Name geändert.

9   »Ragnarök« ist ein Begriff aus der nordischen Mythologie und be-

deutet etwas Ähnliches wie Apokalypse. Das bereits 2003 eröffnete Geschäft (im Internet unter ragnaroek-shop.de) gilt als beliebter Versammlungsort für Neonazis und ist deshalb immer wieder auch Ziel von (Farbbeutel-)Attacken linksextremer Gruppen. Bei einer Durchsuchung der Geschäfts- und Privaträume der Ladeninhaber (die auch einen Laden im niedersächsischen Seesen betreiben) beschlagnahmte das LKA im Sommer 2008 u. a. verbotene Tonträger, Hakenkreuze, SS-Runen und mit Preisschildern versehene Hitlerbüsten.

10 Die unabhängig arbeitende, staatlich finanzierte »Mobile Beratung für Opfer rechter Gewalt« unterstützt Opfer rassistischer, rechtsextremer oder antisemitischer Angriffe in Sachsen-Anhalt. Zum Angebot gehören u. a. Vermittlung von Anwälten, Beratung und Begleitung bei Gerichtsverfahren und Behördengängen, das Herstellen von Öffentlichkeit sowie ggf. finanzielle Unterstützung.

11 Auch im Falle der (zu erwartenden) Verurteilung Brüggers bestand für das Gericht die Möglichkeit, dessen bereits verhängte Jugendstrafe für den Übergriff auf Florian K. als ausreichend hoch anzusehen, um auch den Übergriff auf Christopher S. abzudecken. Ebenso konnte das Gericht entscheiden, dass Brüggers Mittäter, gegen den bereits wegen eines anderen Vergehens ermittelt wurde, erst in einem späteren Prozess mit einer Strafe belegt würde, die sowohl das heutige als auch das nächste Urteil abdecken würde.

6 | NEUBRANDENBURG

1 Das Zitat stammt aus der Ballade »Alte Geschichten« der Rechtsrockgruppe »Sturm 18«.

2 www.nb-town.de.

3 Das Sonnenrad bzw. die »Schwarze Sonne« ist ein in der rechtsextremen Szene beliebtes Ersatzsymbol für das Hakenkreuz.

4 Der Begriff »14 words« geht zurück auf eine aus 14 Wörtern bestehende Formulierung des US-amerikanischen Rechtsextremisten David Eden Lane: »*We must secure the existence of our people and a future for white children.*« (»Wir müssen die Existenz unseres Volkes und die Zukunft der weißen Kinder sichern.«)

5 Tatsächlich finden sich in zahlreichen Communities Profile und

Gruppen mit dem Namen »Schwiegermutters Traum«, die den Verdacht nahelegen, dass der Titel einem gleichnamigen Stück von der CD »Heilfroh« der Band »Die Lunikoff Verschwörung« entlehnt wurde.

6 BGH-Urteil vom 27. März 2007 (Az. VI ZR 101/06). Außerdem hieß es in einem Beschluss des Landgerichts Berlin im August 2009 unter Berufung auf das BGH-Urteil, dass einen Foren-Betreiber »grundsätzlich keine Vorab-Prüfungspflicht für von Dritten eingestellte, möglicherweise rechtswidrige Beiträge trifft, sondern diese erst mit Kenntnisnahme hiervon einsetzt«. Zugrunde liegt diesen Entscheidungen eine (wegen ihrer Uneindeutigkeit allerdings umstrittene) Formulierung im Telemediengesetz, eine der zentralen Vorschriften des Internetrechts. Dort heißt es in Paragraph 10: »Diensteanbieter sind für fremde Informationen, die sie für einen Nutzer speichern, nicht verantwortlich, sofern 1. sie keine Kenntnis von der rechtswidrigen Handlung oder der Information haben (...) oder 2. sie unverzüglich tätig geworden sind, um die Information zu entfernen oder den Zugang zu ihr zu sperren, sobald sie diese Kenntnis erlangt haben.« Da allerdings im Gesetzestext die juristisch schwammige Vokabel »verantwortlich« statt z. B. »haftbar« gewählt wurde, lässt der Paragraph den Gerichten einen großen Interpretationsspielraum.

7 Bundesministerium des Inneren (Hrsg.): Verfassungsschutzbericht 2009. Berlin 2010.

7 | KÖLN

1 Populären Interpretationen des Koran (Sure 55) zufolge werden Märtyrern (und damit nach heute weitverbreitetem Verständnis auch Selbstmordattentätern) im Jenseits/Paradies 72 Jungfrauen versprochen.

2 Quelle: Google AdPlannes.

3 Bereits 2008 berichtete der Grünen-Politiker Sebastian Edathy, dass PI »dem Bundesamt für Verfassungsschutz bekannt und im Blick sei. Die weitere Entwicklung werde beobachtet.«

4 Zur besseren Lesbarkeit wurden alle PI-Zitate orthografisch geglättet.

5 Thilo Sarrazin: Deutschland schafft sich ab. München 2010.

6 Umfrage über die Einstellung der Deutschen zum Islam des Instituts für Demoskopie Allensbach im Mai 2006 im Auftrag der »FAZ« (zitiert nach »FAZ« vom 17. 5. 2006, S. 5).

7 Zitiert aus »Deutsche Zustände in Zeiten der Krise – Presseinformation zur Präsentation der Langzeituntersuchung Gruppenbezogene Menschenfeindlichkeit« der IKG der Universität Bielefeld vom 3. 12. 2010.

8 Vgl. Decker, Oliver/Brähler, Elmar: Die Mitte in der Krise. Rechtsextreme Einstellungen in Deutschland. Berlin 2010, S. 134.

9 Von PI häufig verwendetes Wort für »einheimisch, angestammt«, beruhend auf einer griechischen Denkfigur, wonach Menschen ein Gebiet nicht als Zuwanderer, sondern als gewaltfreie »Abkömmlinge der Erde« bewohnen.

10 Nach islamischem Recht sind Dhimmis nichtmuslimische »Schutzbefohlene« unter islamischer Herrschaft.

11 Im Mai 2007 hatte der Publizist Ralph Giordano vollverschleierte Musliminnen als »menschliche Pinguine« bezeichnet.

12 Vgl. »Verbotsirrtum« (§ 17 StGB): »Fehlt dem Täter bei Begehung der Tat die Einsicht, Unrecht zu tun, so handelt er ohne Schuld, wenn er diesen Irrtum nicht vermeiden konnte.«

13 In Richtlinie 12.1 des Deutschen Presserats (von PI-Lesern auch schon mal »Gesinnungs-KZ« genannt) heißt es: »In der Berichterstattung über Straftaten wird die Zugehörigkeit der Verdächtigen oder Täter zu religiösen, ethnischen oder anderen Minderheiten nur dann erwähnt, wenn für das Verständnis des berichteten Vorgangs ein begründbarer Sachbezug besteht. Besonders ist zu beachten, dass die Erwähnung Vorurteile gegenüber Minderheiten schüren könnte.«

14 Im Wortlaut heißt es dazu bei PI: »Die Berliner Polizei berichtete am 28. Dezember 2009 (Link nicht mehr verfügbar) über die Tat: (...)«

15 Veröffentlicht wurde von Wichtingens PI-Ausstieg am 5. 11. 2007 auf der Website des Journalisten und PI-Kritikers Ramon Schack (www.ramon-schack.de).

16 Das anonym verfasste, schein-wissenschaftliche Manuskript »Der Minority Report, die zugelassene Islamisierung Europas« gibt es im Internet als kostenlosen Download. Der »Report« wurde zwischenzeitlich aber auch für 79 Euro als Ausdruck vom »Bundesverband

der Bürgerbewegungen zur Bewahrung von Demokratie, Heimat und Menschenrechten e. V.« (seit 2008 mit der »Bürgerbewegung Pax Europa« fusioniert) angeboten.

17 Nachdem die Wochenzeitung *Junge Freiheit* gegen die ausführliche Erwähnung als rechtsextreme Publikation in einem NRW-Verfassungschutzbericht geklagt hatte, entschied das Bundesverfassungsgericht am 24. 5. 2005 (Az. 1 BvR 1072/01, BVerfGE 113, 63), dass das Vorgehen des Verfassungsschutzes eine unzulässige Einschränkung der Pressefreiheit sei. Einzelne rechtsextreme bzw. verfassungsfeindliche Meinungsäußerungen dürften nicht automatisch dem Organ zugerechnet werden, in dem sie veröffentlicht wurden. Zudem müsse der Verfassungsschutz in seinen Berichten den bloßen *Verdacht* des Rechtsextremismus getrennt von *erwiesenen* rechtsextremistischen Bestrebungen aufführen.

18 Innenministerium Nordrhein-Westfalen (Hrsg.): Verfassungsschutzbericht 2009. Düsseldorf 2010.

19 Pro NRW blendet Molaus rechtsextreme Vita in parteieigenen Veröffentlichungen aus. Stattdessen firmiert er dort unter Bezeichnungen wie »der bekannte Publizist« oder »der patriotische Publizist und ehemalige Waldorf-Lehrer«.

20 Auch die Demonstration vor der Bad Godesberger Moschee wurde von der BPE veranstaltet.

21 Ulfkotte sammelt und verbreitet seit seinem Rückzug aus dem »Bürgerbewegungs«-Milieu im Internet als Einzelkämpfer obskure Islamisierungslegenden, die auch »Politically Incorrect« immer wieder gerne aufgreift.

22 Konrad Adenauer in seiner Regierungserklärung am 3. Dezember 1952 zur Unterzeichnung der Pariser Verträge.

23 »Niemals deutsches Land in Moslem-Hand! Inhaltliche und taktische Gründe für den Kampf gegen die Islamisierung« (veröffentlicht am 7. 1. 2010 auf npd.de).

8 | BERLIN

1   Das Amtsgericht Berlin-Tiergarten befand Hähnel im Dezember 2010 wegen der Hetzbriefe der Volksverhetzung für schuldig und verurteilte ihn zu einer Freiheitsstrafe von zehn Monaten auf Bewährung. Das erstinstanzliche Urteil ist allerdings noch nicht rechtskräftig.

2   Jörg Hähnel, Jahrgang 1975, ist »Amtsleiter Öffentlichkeitsarbeit« im NPD-Bundesvorstand. Seinen Posten als Landesvorsitzender der Berliner NPD gab er Anfang 2010 ab. Er tritt auch als »nationaler Liedermacher« auf.

3   Seit seinem NPD-Beitritt im Jahr 1987 hat sich Klaus Beier, gebürtiger Franke, vom Vorsitzenden des Kreisverbandes Aschaffenburg hochgearbeitet bis in den Parteivorstand: Er leitet den NPD-Landesverband Brandenburg, sitzt für die NPD im Kreistag Oder-Spree, fungiert seit 1998 als NPD-Pressesprecher und seit Anfang 2009 auch als Bundesgeschäftsführer der Partei.

4   Vgl. *tageszeitung* vom 27.8.2008.

5   NPD-Parteivorstand (Hrsg.): Presse- und Öffentlichkeitsarbeit. Ein Leitfaden für Landes- und Kreisverbände. Berlin 2009.

6   Bayerisches Staatsministerium des Inneren (Hrsg.): Neonazismus und rechtsextremistische Gewalt, München 2005.

7   »NPD: Die Verbrecherpartei«. Seite-1-Schlagzeile der *tageszeitung* (*taz*) vom 7.9.2005.

8   Dominique John: Medialer Umgang mit Opfern rechtsextremer Gewalt. Vortrag vom 9. Oktober 2008.

9   *stern* 18/2006.

10   *Tagesspiegel*, 23.4.2006.

11   *Tagesspiegel*, 13.6.2007.

12   Ermyas M. wurde im Frühjahr 2009 wegen Betrugs verurteilt, nach Angaben des Gerichts hatte er bei der Beantragung der Prozesskostenhilfe falsche Angaben über seine Finanzen gemacht.

13   Opferperspektive Brandenburg: Der »Fall Ermyas M.« – Chronik einer Debatte, April 2008.

14   Kai Diekmann: Der große Selbstbetrug. Piper Verlag 2007.

15   Laut Verfassungsschutz zählte das BKA im Jahr 2005 im Bereich der »Straftaten mit extremistischem Hintergrund« aus dem Bereich »Politisch motivierte Kriminalität – rechts« 958 Gewalttaten, in den

Folgejahren 1047 (2006), 980 (2007), 1042 (2008) und 891 (2009). Im selben Zeitraum stieg die Gesamtzahl rechtsextremer Straftaten von 15 361 (2005) auf 18 750 (2009).

16 Wolfram Weimers Kolumne »Weimers Woche«, *Potsdamer Neueste Nachrichten*, 27. 10. 2007.

17 Laut der für den Fall zuständigen Staatsanwaltschaft Leipzig war zuletzt nur eine Verurteilung zu einer Geldstrafe wegen gemeinschaftlich begangener schwerer Körperverletzung noch nicht rechtskräftig.

18 *Cicero*, Ausgabe Oktober 2007.

19 Die *Zeit* hatte die Zahlen Anfang Februar 2007 mit dem ausdrücklichen Hinweis veröffentlicht, dass die endgültigen Zahlen für 2006 erst im Mai vorlägen. Tatsächlich wies der Verfassungsschutzbericht 2006 schließlich nicht 12 238, sondern 17 597 rechtsextremistische Straftaten aus – davon 12 629 (statt 8738) Propagandadelikte und 1047 (statt 726) Gewalttaten. 302 der rechtsextremistischen Gewalttaten (ca. 29 Prozent) richteten sich »gegen Linksextremisten oder vermeintliche Linksextremisten«. 2009 waren es laut Verfassungsschutzbericht 300 (34 Prozent).

20 Vgl. dazu KZ-Gedenkstätten gegen Demoverbote, *die tageszeitung*, 16. 3. 2005.

21 Vgl. zum Beispiel: Verfassungsrichter: NPD nicht von der Parteienfinanzierung auszuschließen, epd, 13. 3. 2009.

22 Bei einer Emnid-Umfrage mit rund 1000 Teilnehmern im Auftrag des TV-Senders N24 im August 2007 plädierten 66 Prozent der Bürger für ein neues NPD-Verbotsverfahren, 23 Prozent dagegen. Bei einer Emnid-Umfrage im Auftrag der *Bild am Sonntag* im Dezember 2008 mit rund 500 Teilnehmern wünschten sich 65 Prozent ein Verbot der NPD, 29 Prozent waren dagegen.

23 Kostenschätzung des niedersächsischen Verfassungsschutzes aus dem Jahr 2009.

24 Bei der Bundestagswahl 2009 kam die NPD in Postlow noch auf 19,7 Prozent der Stimmen.

25 Der gelernte Straßenbauer Ralf Städing kandidierte im Sommer 2009 als einer von zehn parteilosen Einzelbewerbern für den Postlower Gemeinderat. Er landete auf dem vierten Platz und erhielt einen von sechs Sitzen im Gemeindeparlament. Der *Anklamer Bote*, ein von der Neonazi-Szene herausgegebenes lokales Gratisblatt,

hatte die Wahl dieses »unabhängigen nationalen Kandidaten« empfohlen.

9 | KRAMPFER

1   Siehe: Bundesamt für Verfassungsschutz (Hrsg.): Argumentations-
muster im rechtsextremistischen Antisemitismus. Köln 2005, S. 9ff.
Siehe auch: Stefan Meining, »Rechte Esoterik in Deutschland«
(Vortrag, gehalten am 3.9.2002 auf dem Symposium »Politischer
Extremismus als Bedrohung der Freiheit – Rechtsextremismus und
Islamismus in Deutschland und Thüringen« des Thüringer Landes-
amts für Verfassungsschutz).

2   Zitiert nach: »Stellungnahme zur ›Germanischen Neuen Medizin‹
(GNM)« der Deutschen Krebsgesellschaft vom 5.7.2005 (veröffentlicht unter www.krebsgesellschaft.de).

3   Nach heutigem Forschungsstand enthüllte die Londoner *Times* bereits 1921, dass es sich bei den um 1900 erstmals erschienenen, angeblichen Geheimgesprächen hochrangiger Rabbiner zur Errin-
gung der Weltherrschaft um die antisemitische Umdichtung einer
im späten 19. Jahrhundert in Frankreich veröffentlichten Satire
ohne jeglichen Judenbezug (»Dialogue aux enfers entre Machiavel
et Montesquieu aux XIXe siècle«) handelt.

4   Dasselbe Motiv ziert auch eine im Online-Versand der NPD-Zeitung
Deutsche Stimme erhältliche DVD (»Mythos Neuschwabenland –
Das letzte Geheimnis des Dritten Reichs«).

5   Polylux räumte intern »schwerwiegende journalistische Mängel«
ein und entschuldigte sich u.a. bei den Vertretern der Jüdischen
Gemeinde (nicht aber bei den Zuschauern); *Bild* druckte eine halb-
herzige »Klarstellung« und versprach »nie wieder« über Hockemeyer zu berichten.

6   Der österreichische Reiseveranstalter Georg Wenisch ist »Diplo-
mierter Rückführungsleiter nach Trutz Hardo«.

7   Zitiert nach bhakti-yoga.ch, einer schweizerischen Yoga-Website,
die Hockemeyer selbst auf seiner Homepage als Quelle für »weitere
Information zum Karmaprozess gegen Trutz Hardo« verlinkt.

8   Bundesministerium des Inneren (Hrsg.): Verfassungsschutzbericht
2004. Berlin 2005, S. 106.

9   Auch nach der Indizierung blieb das Buch verfügbar, wurde im Aus-
    land und (unter dem Decknamen »Kochbuch 1«) angeblich auch
    von esoterischen Buchhandlungen in Deutschland verkauft. Nach
    wie vor werden Ausgaben der »Geheimgesellschaften« bei Ebay an-
    geboten. Komplette, kostenlose Downloads des Buchs finden sich
    zudem leicht im Internet. Die Beschlagnahme der »Geheimgesell-
    schaften« sieht Holey als Teil einer Verschwörung gegen ihn, der er
    selbst ein weiteres Buch (Titel: »Hände weg von diesem Buch!«) und
    eine dreistündige Interview-DVD widmete.

10 Zitiert nach: Rolf Crantzen: »Die Weltordnung der Weltverschwö-
    rer – Neue Verschwörungen und ihre politische Bedeutung«, SWR2
    vom 31. 10. 2003. Vgl.: Abdruck der Anklageschrift gegen Holey und
    Ewert-Gamalo Tiozon in: Jan Udo Holey, Akte, S. 43–47. Ein Straf-
    verfahren gegen Holey wurde am 11. 2. 1998 wegen »mangelnder
    örtlicher Zuständigkeit« eingestellt.

11 Neonazi-Deutsch für »Buttons«.

12 Jo Conrad: Entwirrungen. Bignose Media. Worpswede 2001.

DANKSAGUNG

Wir bedanken uns bei allen, die uns für dieses Buch ein Interview oder Informationen gegeben haben – auch bei jenen aus der rechtsextremen Szene.

Unser Dank gilt vor allem: Reiner Becker, David Begrich, Ariane Bemmer, Stephan Braun, Heiko Dilk, Annett Freier, Jan Gabriel, Patrick Gensing, Kai Gniffke, Uwe-Karsten Heye, Günther Hoffmann, Dorothee Hübner Christian Jungeblodt, Albrecht Kolthoff, Stefan Kuzmany, Frauke Meyenberg, Elke Michel, Alain Mundt, Stefan Niggemeier, Ulrich Peters, Tina Rath, Andrea Röpke, Chris S., Zissi Sauermann, Sebastian Scharmer, Toralf Staud, Andreas Speit, Martin Ziegenhagen. Ganz besonders danken wir Tobias Heyl und Diana Stübs, und natürlich Beate und Henning.